GÜTERSLOHER
VERLAGSHAUS

Gütersloher Verlagshaus. Dem Leben vertrauen

# ALFRED BIOLEK

## MEINE HEIMAT EUROPA

REISEN · BEGEGNEN · ERINNERN   mit NAHUEL LOPEZ

GÜTERSLOHER VERLAGSHAUS

# Inhalt

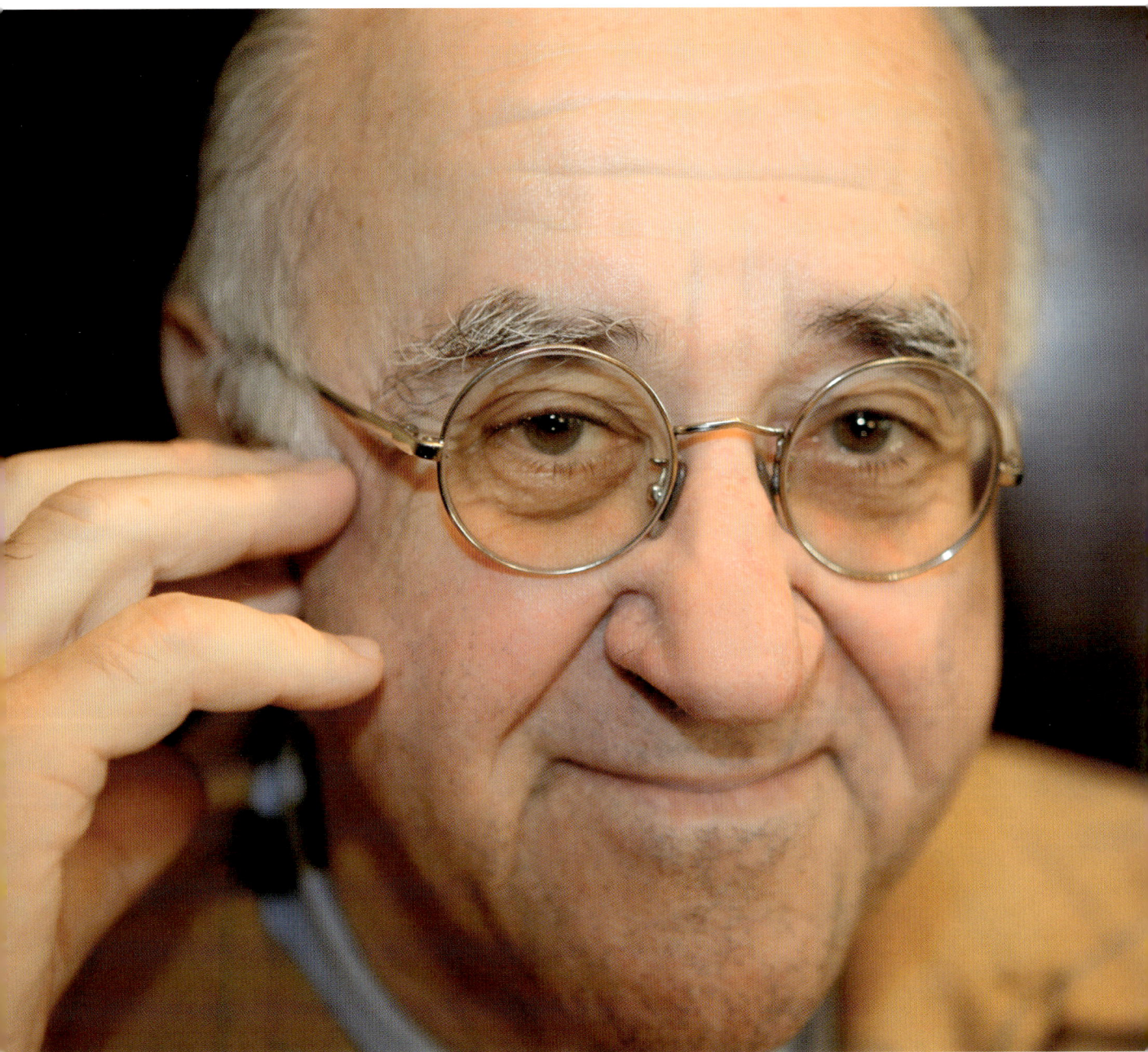

Liebe Leser!

Gern möchte ich Ihnen etwas zu der Entstehung dieses Buches sagen. Vor längerer Zeit führte ich im Zusammenhang einer Fernsehsendung mit Nahuel Lopez ein Gespräch über mein Leben. Dabei erklärte ich ihm, dass ich mir jetzt, seit ich älter bin – ich sagte bewusst nicht »alt«, sondern »älter« –, mehr Zeit nehme, über mein Leben nachzudenken: Genau wie bei ihm gab sich eins aus dem anderen, hatte ich Regeln, nach denen ich lebte, Eindrücke und Erlebnisse, die mich geprägt haben. Bei den meisten Menschen wirkt sich diese Prägung nur auf ihr eigenes Leben aus. Andere Menschen – außer vielleicht Familienmitglieder oder sehr enge Freunde – bekommen davon kaum etwas mit. Bei mir jedoch war und ist das anders. Ich habe als Produzent und Moderator viele Jahre lang Fernsehsendungen gemacht, die stark von meinen persönlichen Erfahrungen geleitet waren. Ohne meine Sendungen zu bewerten, kann ich doch recht objektiv sagen, dass sie sich in vielen Punkten von den meisten der parallel laufenden Unterhaltungssendungen unterschieden haben. Und das haben sehr viele Zuschauer auch so empfunden.

Aus diesem Grund fand ich es interessant, lohnenswert und spannend, nach meinen Wurzeln zu suchen. Das Ergebnis dieser Suche möchte ich jetzt meinen Zuschauern durch dieses Buch zugänglich machen.

Zusammen mit meinem Autor Nahuel Lopez und dem Fotografen Bodo Vitus begab ich mich also auf die Reise in meine Vergangenheit. Dabei hat sich sehr schnell gezeigt, dass ich keinesfalls nur durch mein Leben in Deutschland geprägt bin. Dass das Land, in dem man lebt, in dem man zur Schule gegangen ist, in dem man Familie und Freunde hat, einen maßgeblichen Stellenwert besitzt, ist selbstverständlich. Es überrascht nicht. Deswegen werden Sie in diesem Buch wenig über das Leben in Deutschland lesen. Viel überraschender war bei unserer Suche die Erkenntnis, wie wichtig für meine Persönlichkeit meine Reisen in Europa waren. Doch warum nur Europa, werden Sie fragen. Warum nicht die USA? Immerhin lebte ich dort von 1951 bis 1952 als Austauschschüler, und es gibt wenige Städte, die ich bis heute so häufig besucht habe wie New York.

In der englischen Sprache gibt es das Wort Heimat nicht. Ich übersetze es mit dem Wort »home« (zu Hause) und dem Wort »roots« (Wurzeln). Aus diesen beiden Begriffen besteht für mich die Bedeutung von Heimat. Zu Hause habe ich mich in New York öfter gefühlt, besonders dann, wenn ich mich länger in der Stadt aufhielt und nicht in einem Hotel, sondern in einer Wohnung mit Küche (!) lebte. Aber Wurzeln habe ich in den USA nie gefunden – auch nicht in New York.

Weil ich nun glaube, dass die Wurzeln bei dem, was den Menschen Zeit seines Lebens prägt, eine große Rolle spielen, haben wir unsere Reisen auf europäische Städte beschränkt. Städte mit besonderen Begegnungen und Erinnerungen, die repräsentativ für all das stehen, was mich in ganz Europa fasziniert und geprägt hat.

Besonders wichtig waren die ersten längeren Reisen nach London und Paris in den Sechzigerjahren. In Deutschland hatte damals das Wirtschaftswunder schon begonnen, aber im Lebensstil und bei den prägenden Werten hatten wir uns von der düsteren Nachkriegszeit noch nicht so richtig verabschiedet. Deswegen waren die auf den Reisen ins europäische Ausland gemachten Erfahrungen so wichtig für mich. Heute ist Deutschland – und ganz besonders Berlin – in fast jeder Hinsicht weltoffen und damit positiv prägend. Aber erst heute!

Ich habe schon in den Sechzigerjahren Fernsehsendungen gemacht – und diese hätten ganz anders ausgesehen, wenn ich mich nur in Deutschland oder gar nur in Mainz aufgehalten hätte.

Und jetzt hoffe ich, dass Sie sich sehr wohl fühlen werden, wenn Sie mit mir durch Europa reisen.

Alfred Biolek

# Wien

Es ist Samstag, Anfang September, und man kann nicht wirklich behaupten, dass dies hier seine Uhrzeit ist. Mit beigem Trenchcoat bekleidet, mit braunem Ziehkoffer und einer ziemlich zerknüllten Papiertüte eines Kölner Weinhändlers in den Händen, betritt Alfred Biolek an diesem Morgen die kleine Empfangshalle des Wiener Flughafens. Der Pilot hatte vor der Landung noch schlechtes Wetter prophezeit. Es sei bescheiden, so hatte er es mit trockenem Pilotencharme durchgegeben. Doch bei der Landung dann zieht die Wolkendecke auf und der Tag beginnt strahlendblau. Nein, sagt Biolek entschieden, und nochmal: Nein, das sei ihm doch viel zu früh heute gewesen. Um fünf aufstehen, dann zum Flughafen, das solle bei den nächsten Reisen doch vielleicht auch etwas später möglich sein. Es ist kurz nach acht und Alfred Biolek steht etwas schief da zwischen all den Reisenden. Leicht benommen, aber herzlich schaut er durch seine zart getönte Nickelbrille hervor, und auch sein sonst tadelloses Haarkonzept ist durch einige schiefliegende Strähnen andeutungsweise aus den Fugen geraten. Wie er dann so dasteht, an diesem Morgen, mit seiner ramponierten Tüte und seinem Trenchcoat, erinnert er ein wenig an Columbo, diesen liebenswürdig derangierten TV-Ermittler. »Früher«, sagt Biolek dann und rollt das R dabei genüsslich in die Breite aus, »früher kam ich immer gut aus dem Bett. Um fünf, um sechs, gar kein Problem!« Jetzt habe er aber einen anderen Rhythmus drauf. Und er brauche es ja auch nicht mehr, das frühe Aufstehen.

Kurz darauf schon sitzen wir im Taxi in Richtung Innenstadt. Zum dritten Bezirk soll´s gehen, dort liegt unser Hotel. Die Straßen sind wie leergefegt zu dieser Stunde, kein Verkehr und auch kaum Fußgänger. »Toll«, sagt Alfred Biolek begeistert, was für ein Glück mit dem Wetter, und so leer habe er die Stadt noch nie gesehen. Alfred Biolek schaut glücklich aus dem Fenster und erzählt. Erzählt von seinen Eltern, die sich dieser Stadt so verbunden gefühlt haben. Erzählt von seiner Zeit hier als Student, und dass er in den Achtzigern dann sogar mal eine Wohnung in der Rathausgasse besessen habe. »Dort drüben habe ich mal übernachtet«, bemerkt er mit seiner zur Rolle gedrehten Zeitung in Richtung Imperial Hotel, während er mit der zum Zeigestock umfunktionierten Zeitungsrolle dann drei oder auch vier Mal an seine Fensterscheibe klopft.

»In der Kaisersuite!« Hitler hat dort auf dem Balkon gestanden und über die Stadt geblickt, und für Helmut Kohl hätte man das große Bett sogar verlängern müssen. So habe man es ihm damals erklärt. Von sich aus hätte er diese Suite natürlich nie gebucht, versichert Biolek nüchtern. Aber die Hotelangestellte, die hätte ihn einfach upgegradet, wie er sagt, als er sich ein normales Doppelzimmer habe buchen wollen. »Sehr nett«, fasst Bio zusammen, »wirklich, ein ausgezeichnetes Hotel!« Beim Vorbeifahren dann schaut Alfred die traditionsreiche Fassade hinauf, dehnt den Hals noch etwas nach hinten. »Aber das ist auch schon lange her!«

Das Hotel Tyrol in der Mariahilfstraße empfängt uns freundlich. Es ist ein kleines Haus gleich am Museumsquartier und mit direkter Anbindung zum Ring, der Hauptverkehrsader, an der man nicht vorbeikommt, egal, wohin es einen zieht in dieser Stadt. Wir sind früh dran und unsere Zimmer für die nächsten fünf Tage sind noch von anderen Gästen belegt. »Macht nichts!«, sagt Alfred. Er ist nun hellwach und drängt auf einen ersten Erkundungsgang durch das erwachende Wien. Vorgestern noch hatte ein Hoch die Stadt fest im Griff, über dreißig Grad im Schatten sollen es gewesen sein. Nun aber ist es eiskalt. Alfred allerdings hat vorgesorgt und zieht mit grünem Tweedanzug und braunem Pulli in Richtung Stadtzentrum. »Dort drüben«, sagt er und weist auf einen dieser Wiener Prachtbauten aus der Kaiserzeit hin, »dort drüben war ich mal zum Muschelessen. Das findet jedes Jahr dort statt. Ganz legendär!« Dort drüben, das ist links, und zwar das Naturhistorische Museum. Darin Sammlungen der Prähistorie, der Zoologie, Geologie und vor allem auch die weltweit größte Sammlung von Schädeln, die die Entwicklung der Menschheit illustrieren. Das hat man ihm natürlich alles gezeigt, damals, beim Muschelessen. Gegenüber gleich, da ragt ein identischer Bau in die Kulisse. Das Kunsthistorische Museum mit den kaiserlichen Kunstschätzen. Wir gehen über den Maria-Theresien-Platz, kreuzen die Ringstraße und schon empfängt uns ein wohliger Geruch nach Pferd. Es ist der Geruch der einstigen Weltmacht, der Spanischen Hofreitschule und der Fiaker mit ihren Rossen. Die Welt von gestern.

Auch Alfred Biolek ist jetzt in seiner eigenen Welt aus Erinnerungen und Anekdoten angekommen. Da die Habsburger Krone, hier das Burgtheater. »Wusstest du, dass der Architekt der Burg vergessen hatte, Toiletten mit in das Gebäude einzuplanen? Nein? Aus Verzweiflung darüber hat er sich anschließend das Leben genommen! Grausam, sag ich dir!« Es ist nur eine dieser vielen Geschichten, die Alfred Biolek nun aus dem Ärmel schüttelt. »Und hier singen jeden Sonntag die Wiener Sängerknaben.«

So geht es weiter, bis wir den Graben erreichen, genauer: das Café Demel. Dieser Name wollte ihm einfach nicht einfallen, doch nun steht er davor, hier, wo er unzählige Stunden mit Freunden und Kollegen redend und lesend verbracht hat. Und jetzt, ausgerechnet, hat das Café geschlossen. Wohl zu früh, merkt Alfred nüchtern an. Er dreht sich um die eigene Achse, die ersten Touristen drängen in die Gassen. Eine Dame macht ein Foto, vielleicht von ihm, vielleicht auch vom Café, das ist nicht ganz klar. »Dort, ein Teeladen!«, sagt er dann. »Wunderbar! Genau mein Ding!«

Alfred Biolek ist jetzt fünfundsiebzig Jahre alt. Vor einigen Monaten hatte die ARD dieses Ereignis mit einer großen Geburtstagsgala gefeiert. Zur Primetime, um 20.15, das freut ihn noch heute, das hatte er nicht erwartet. Alfred nimmt Kurs auf das Lokal. Wenn man ihn heute so sieht, dann hat er sich eigentlich kaum verändert in den letzten dreißig Jahren. Seine Haare waren auch damals schon grau, noch immer klemmt dieselbe kreisrunde Brille in seinem markanten Gesicht. Er wirkt heute nicht alt, ebenso, wie er damals auch nicht jung wirkte. Eine zeitlose Figur. »Mein Wien«, erzählt er dann bei Tramezzini und Schwarztee, »das ist vor allem das Wien meiner Eltern.«

Vater Biolek war im Ersten Weltkrieg KuK-Offizier, er war Leutnant und ein stolzer, ein überzeugter Monarchist. Er hatte in Wien studiert und diese Begeisterung mit in die Familie getragen. Die Familie, die gemeinsam in Karviná lebte und seit Generationen dort auch ihre Wurzeln hatte, verbrachte jeden Urlaub in der österreichischen Weltstadt. »Meine Eltern hätten auch nach Prag reisen können, das wäre vielleicht naheliegender gewesen und auch sehr schön. Aber für meinen Vater war Wien eben alles.« Wenn die Familie verreiste, dann waren das meist Vater und Mutter Biolek und die beiden Brüder. Alfred musste dann zuhause bleiben, in Karviná, gemeinsam mit der geliebten Tante Elka. »Ich war einfach zu klein«, sagt er ohne Gram. »Erst als ich sieben war, da nahm mich mein Vater einmal mit nach Wien.« Aus der Erinnerung an diesen ersten Besuch kommen nur Versatzstücke, Schatten. Vor allem das Hotel Regina, in dem die Eltern immer nächtigten, und der Prater mit seinem beeindruckenden Autodrom und den vielen Karussells. »Gibt es den noch, diesen Autodrom?«, fragt Alfred mehr an sich gerichtet. »Das heißt heute sicher ganz anders. Vielleicht können wir da mal vorbeischauen? Und das Regina, ja, das würde ich auch gerne noch mal sehen.«

Sein Studium hat Biolek ebenso wie der Vater in Wien begonnen, das verbinde ihn doch sehr mit dieser Stadt, beteuert er. Gerade die Studienzeit. Und dass er Wien auch sehr genossen habe. Es war ein armes Wien damals, das von 1954. Viele Gebäude waren zerstört, das Essen war knapp. »Als ich nach diesem Semester zurück nach Deutschland kam, da musste mir der Schneider meine Anzughose um vierzehn Zentimeter verkleinern. Vierzehn Zentimeter! Das muss man sich mal vorstellen. Unglaublich!« Nach einer kurzen Pause ergänzt er: »Weißt du, damals war alles knapp, nur die Bälle nicht. Das haben sich die Wiener nicht nehmen lassen! Alle dünn, aber tanzen konnten sie trotzdem!«

Nach einem kurzen Nickerchen im Hotel – immerhin wurde es heute Morgen wegen der Anreise ziemlich früh und gestern Abend wegen einer Veranstaltung noch ziemlich spät – ist Alfred Biolek dann wieder voll da. Der Tag hat sich etwas erhitzt, die Kälte des Morgens ist verzogen. Keine Wolke stört die historische Kulisse. Zum Palmenhaus möchte er nun. Auch da habe er früher viele Stunden verbracht. So, wie man in Wien eigentlich ständig viele Stunden irgendwo sitzend und lesend und beobachtend verbringt. Heute ist das Palmenhaus Treffpunkt vieler Touristen, aber auch Künstler und viele »Einheimische« kommen gern vorbei. Der derzeit wohl meist diskutierte Besucher im Palmenhaus ist der neue Intendant des Wiener Burgtheaters. Der »Herr Direktor« wird er ehrfürchtig genannt. Das war auch früher so. Das hat sich nicht geändert. Die Ehrfurcht vor der Kunst, das ist etwas typisch Wienerisches. Das bringt auch Alfred Biolek noch heute viel Hochachtung entgegen; man schaut freundlich, man grüßt. Wir bestellen Schwammerlgulasch mit Serviettenknödel, eine österreichische Spezialität. »Meine Mutter hat das oft gemacht«, sagt Alfred. »Das ist meine Kindheit.« Alfred Biolek erzählt von der Zubereitung, dass die Knödel eigentlich mit einer Schnur zertrennt werden sollten, so weich müssen sie sein. Und dass seine Mutter immer viel mit Butter gekocht hat, sehr fett. Erst in Deutschland, in der neuen Heimat, da sei sie davon etwas abgekommen, habe dort erst auf gesunde Ernährung geachtet, mit weniger Fett also gekocht. Die Küche sei jedoch immer die gleiche geblieben. Österreichisch und osteuropäisch eben.

Alfred Biolek wird nicht müde zu betonen, dass er sich nie, nie als Journalist verstand und auch nie diesen investigativen Ehrgeiz entwickelt habe. Er hat immer den Menschen kennenlernen wollen – das war bei Helmut Kohl so, das war so beim Dalai Lama, und so war es auch bei Wladimir Putin, sagt er. «Gerade bei diesen Gästen haben mich die Kritiker in der Luft zerrissen. Es gab doch immer genügend andere politische Talkshows, die die Leute in die Mangel genommen haben», so Biolek. »Meine Sendung war eben anders. Und so habe ich von einigen sogar manchmal mehr erfahren, als wenn ein investigativer Journalist sie hart angepackt hätte.« Teilweise habe er seine Gäste dann auch bremsen müssen. Bei ihm, so sagt er es, sollten sich die Menschen wohlfühlen. »Ich wollte immer ein guter Gastgeber sein, das war mir wichtig. Die Kritiker haben das nie honoriert, die Zuschauer dafür aber um so mehr.«

In der Rolle des Gastgebers hat sich Biolek zeitlebens gerne gesehen. Das gilt heute im Privaten, wenn er Freunde zu sich einlädt. Das galt aber immer auch im Beruf. So hat er etwa nach jeder Boulevard-Sendung sämtliche Gäste und Mitarbeiter der Sendung zum gemeinsamen Essen eingeladen. »Das ging immer sehr familiär

zu«, erinnert sich Biolek. Nicht selten hat er mit diesem Argument den einen oder anderen eher unwilligen Interviewpartner zu sich ins Studio locken können.

Etwas später befinden wir uns auf dem Weg in den zweiten Bezirk. Die Taxifahrt führt um den Ring bis zum Donaukanal, dann sind wir auch schon da. Der zweite Bezirk, oder die Leopoldstadt, das ist das ehemalige jüdische Viertel, das, wie man uns später erzählt, leider ziemlich heruntergekommen sei. Mit der Auslöschung der Juden in Wien hat man gerade auch diesem Viertel seine Seele geraubt. Das Viertel feiere heute jedoch, so erzählt man uns, ein echtes Revival. So sei der naheliegende Karmelitermarkt etwa dem berühmteren Naschmarkt absolut vorzuziehen. Nicht so touristisch, irgendwie ursprünglicher. Und Alfred erzählt, wie sehr die jüdische Kultur, gerade jene auch der Wiener Juden, ihn geprägt hat. »In der Musik sowieso. Aber auch in der Literatur durch Egon Friedell etwa, der mein großer Lehrmeister in der Studentenzeit wurde.« Es ist diese kulturelle Welt Wiens, die Alfred Biolek geprägt hat. Eine Welt, die sich von der jüdischen Welt Wiens nicht abkoppeln lässt. Eine Welt, die ohne den Einfluss ihrer jüdischen Mitbewohner so nie existiert hätte. »Und«, fügt Alfred hinzu, »es ist auch die Art der Juden, es sind der Humor und die Lebenseinstellung, die auf mich abgefärbt haben. Vielleicht halten mich deshalb heute noch so viele für einen Juden.«

Wir folgen an diesem Abend der Einladung eines guten Freundes. Tim, ein Fernsehmacher und langjähriger Wegbegleiter Bioleks, der seit einigen Jahren nun schon in der Donaustadt lebt, empfängt uns in einem Gasthaus abseits der bekannten Flecken. »Am Nordpol 3« steht in gelber Schrift auf rotem Grund über der Eingangstür. Es ist ein Ecklokal, der Charme studentisch, ein paar Beamtenpalmen klemmen etwas verstaubt an den Fenstern und versperren den freien Blick von außen hinein und auch von innen hinaus. Im Gastraum dominieren dunkles, abgenutztes Holz und recht wackelige Stühle, die auf einem Sperrmüllberg auch nicht weiter auffallen würden. Unsere Gastgeber sitzen bereits an einem großen Tisch. Fernsehmann Tim, sein Freund Andreas und weitere Freunde. Ein gemütlicher Arzt mit Nikolausbart wienert gleich los, seine Frau und die beiden erwachsenen Söhne grüßen herzlich. Alfred Biolek klemmt sich umständlich auf seinen ihm zugedachten Platz zwischen Tisch und Wand. »Jetzt erstmal einen schönen Veltliner«, sagt er noch etwas schnaubend in die Runde. Und lacht. Zwei Tische weiter sitzt die österreichische Erika Berger, wie man uns aufklärt. Eine etwa fünfzigjährige Dame in roter Lederjacke. Später, beim Verlassen des Lokals, wird sie Alfred freundlich zunicken, und Alfred wird freundlich zurücknicken und sagen: »Komisch, ich habe sie nie gesehen. Ich kenne diese Dame gar nicht. Aber das ist Wien!«

Das Lokal ist brechendvoll an diesem Samstagabend. Es darf geraucht werden noch bis ins Jahr 2011 in Österreich, laut geredet werden darf sowieso. Und alle nehmen von diesen Freiheiten Gebrauch. Es ist eine herzliche Runde, in der wir uns befinden. Es wird gelacht und getrunken. Dann kommt das Essen. Gefüllte Knödel werden bestellt mit Sauerkraut, Alfred bekommt eine Mährische Krautsuppe mit Selchwürsteln. »Mmmh!«, macht Alfred. Es schmeckt ihm. Er erzählt von seinen tschechischen Wurzeln und von seinen Eltern. Man habe sich dort, wo er aufgewachsen sei, nie deutsch gefühlt. Das waren die Sudetendeutschen. »Nein, wir haben uns immer österreichisch gefühlt. Immer wienerisch. Wir gehörten ja zu den Österreich-Schlesiern!« Schon an der Sprache sei das auszumachen gewesen. In seiner Familie nannte man Tomaten immer schon Paradaiser, die Kartoffeln hießen im Hause Biolek Erdäpfel und Johannesbeeren, das waren für Alfred schon immer Ribisel. Der Wirt kommt an den Tisch. Auf seinem T-Shirt prangt in großen Lettern »Fast-Food«. Davon kann hier überhaupt keine Rede sein, sagt Alfred. Das Essen sei wunderbar. Und alle stimmen zu.

Er fühlt sich wohl in dieser Runde, das merkt man ihm sehr an. Er schaut umher, ein wenig schwitzt er im Hohlraum zwischen Brillenglas und Auge. Dann fragt er, ob in Österreich denn noch gerne Innereien gegessen würden. Nein, wird gesagt, nein, das sei heute nicht fein genug. Und die Jugend fände es wohl unappetitlich. Diese Tradition sei verloren gegangen. Und noch eine Frage: »Was macht einen Wiener zum Wiener?« Und dann geht's los: Der Wille. Der Wahnsinn. Die Minderwertigkeitskomplexe. Das Analytische. Das Emotionale. Das Genießerische. Die Langsamkeit. Die Manieren. Der Schmäh. Hat Georg Kreisler nicht ein Wien ohne Wiener gefordert? Sind die Wiener denn mit sich selbst bisweilen überfordert? Der Wiener, wird dann gesagt, hat ein gespaltenes Verhältnis zu sich selbst. Im Ausland würde er nie sagen, er sei Wiener. Er würde sich immer nur als Österreicher vorstellen. Und doch, so die einhellige Meinung, hält er sich für den Größten.

Das Museumsquartier liegt ruhig in der Vormittagssonne, es ist wärmer als tags zuvor, bis in den Oktober hinein neigt Wien mit etwas Glück zu mediterranen Temperaturen. Über dem barocken Eingangstor prangt ein großes Transparent mit der Aufschrift »Wir sind die Stadt!«. Gegenüber ist das berühmte Leopold-Museum mit einer beeindruckenden Sammlung Egon Schieles, der größten weltweit. Alfred Biolek saß bereits den Vormittag über in einem jener Innenhof-Cafés gegenüber den beiden modernen Museumsgebäuden. Er ist beeindruckt. Vor allem die unterschiedlichen Architekturen scheinen ihn zu faszinieren. »Ich war mal hier, als es noch im Bau stand. Man konnte in die ehemaligen Hofställe, dort gab es bereits einige Ausstellungen und Empfänge. Aber das fertige Areal, das kannte ich noch nicht.« Früher sei das die Messe gewesen, völlig heruntergekommen. Aber nun: herrlich! Er schaut sich um auf dem großen hellen Innenhof mit den unzähligen bunten badewannenähnlichen Außensesseln, bleibt stehen, dann legt er sich hinein. Für einen kurzen Moment schließt er die Augen, träumt, genießt. Was wird er wohl denken? Dann blinzelt er zwei, drei Mal und fängt an, die Quartiers-Broschüre zu studieren. Intensiv neigt er den Kopf zur Seite, die Brille in der Hand, das Faltblatt des Museumsquartiers rückt nah und näher an sein Gesicht. Er liest. Dann guckt er rüber zum Leopold-Museum.

»Würdest du gerne mal in das Museum hinein?«, frage ich. »Es lohnt sich!«

»Ja, vielleicht.« Doch er wirkt nicht besonders angetan von der Idee. Seine Mimik verrät ihn.

»In deiner Wiener Zeit hast du dich für die Malerei noch nicht sehr interessiert, richtig?«

»Na ja. Nein, eigentlich nicht! Damals hatte ich andere Dinge im Kopf. Die Uni, Oper.«

»Und heute: Interessierst du dich noch für Museen, für Kunst?«

»Doch!« Nach einer kurzen Pause dann: »Weißt du, wenn man fünfundsiebzig Jahre alt ist, dann ist das nicht mehr so. Man kann nicht alles im Leben machen. Ich habe in meinem Leben schon so viele Ausstellungen gesehen, ich habe so viele Museen und Galerien besucht, mich reizen heute andere Dinge mehr.«

Alfred Biolek sagt in solchen Momenten dann auch gern, dass er in seinem Leben soviel erlebt habe, das würde auch locker für drei Leben reichen. Dann, plötzlich, schießt er ruckartig auf. Der Badewannensessel ist vergessen, das Leopold-Museum auch, Schiele sowieso. »Ich würde gerne mal ins Hawelka gehen! Komm!«

Das Hawelka ist eine Wiener Kaffeehausinstitution. Gerade in den Fünfzigern wurde es durch namhafte Besucher berühmt. Hans Weigel etwa war einer jener legendären Kaffeehausliteraten, die man dort fast täglich bei der Arbeit beobachten konnte. In jedem Reiseführer wird es als ganz besonderer »Tipp« aufgeführt und als besonders sehenswert. In den Achtzigern, als Alfred Biolek für den ORF die Lottoshow moderierte und für ein Jahr eine Wohnung angemietet hatte, da verbrachte auch er dort gerne seine Stunden mit Zeitung und Melange. »Es gibt ja auch in Deutschland mittlerweile viele Cafés, die Menschen sitzen draußen und genießen. Aber die Wiener Kaffeehäuser sind ganz besonders, hier kamen und kommen vielleicht noch heute Schriftsteller, Künstler, Maler her und sitzen den ganzen Tag herum, schreiben, arbeiten. Vielleicht, weil ihre Arbeit sonst eine sehr einsame ist, und hier haben sie dann etwas Gesellschaft. Die Cafés sind für viele Wiener das zweite Zuhause. Das ist auch heute noch so.«

Alfred, gerade noch am Museumsquartier, hat nun einen forschen Zahn drauf, schaut nach rechts und links. »Hier muss es doch irgendwo sein?!« Wir laufen die Kärntnerstraße von der Staatsoper in Richtung Donaukanal hinab, am prächtig restaurierten Stephansdom vorbei. Alfred schießt nach links in den Graben. Er zeigt auf das Hundertwasserhaus, die vielen Menschen sind jetzt zu viel für ihn. »Nur noch Touristen hier«, ruft er. »Schrecklich!« Zwei Gassen weiter, dann taucht das Hawelka vor uns auf. Auch hier wird noch kräftig geraucht. Mittags schon. Der Innenraum wirkt wie stehengeblieben. Der Schriftsteller Joseph Roth hatte das treffend beschrieben, als er über sein Café schrieb, wie der Ober jeden Tag die alte Uhr über dem Tresen fleißig aufzog, nur – es waren keine Zeiger dran. Alfred Biolek lacht herzlich über diese kleine Anekdote: »Ja«, sagt er, »genau so ist es.« An der Wand hängen mehrere Bilderrahmen nebeneinander, darin zu sehen die Verwandlung eines Menschen hin zum Affen, Bild für Bild. Auf die Reihenfolge kommt es an. Es ist wie beim Ober, der nie einen Gast von sich aus ansprechen würde, sondern der Gast muss sich hier beim Ober bemerkbar machen. Sonst passiert nichts. Verkehrte Welt. Mitten im Raum stehen ramponierte rote Plüschsofas herum. An einem Jackenständer klebt ein provisorisches Pappschild: »Für abhandenkommende Garderobe keine Haftung«. »Unverändert«, schießt es aus Alfred hervor. »Aber nur äußerlich!« Kein Wiener sei mehr zu Gast. »Früher wurde ich hier noch von Frau Hawelka begrüßt. Sie wusste eigentlich gar nicht, wer ich war. Aber ein Gast sagte es ihr; dass ich in Deutschland berühmt sei und ob sie das denn nicht wisse. Und seither wurde ich an der Tür immer persönlich von ihr empfangen.« Nun aber sei die alte Dame tot. Nur ein Schwarzweißfoto über der Eingangstür erinnert heute noch an die einstigen Besitzer, an Leopold Hawelka und an seine Frau Josephine. »Hier kommen nur noch Touristen herein«, ärgert sich der einstmalige

Stammgast Biolek sichtlich. »Es gibt keinen Einzigen, der hier einfach sitzt und liest. Nur da vorne, da, dort sitzt eine, die hat ein Buch in der Hand. Einen Reiseführer.« Alfred ist enttäuscht. Das hatte er sich doch anders vorgestellt. So viele Erinnerungen, so viele Begegnungen. Hier, hatte er zuvor gesagt, hier traf sich ganz Wien. Das ist nun anders. Er bestellt die Rechnung und sagt, dass das Café ja völlig schrumpelig sei. Und dass wir doch lieber in ein anderes Stammcafé gehen sollten, in den Tirolerhof, vielleicht am Tag der Abreise nochmal. Da sei vielleicht noch das alte Wien unterwegs. Dann dauert es noch etwa zehn Minuten, bis wir zahlen können. Aber schließlich sind wir draußen. Und Alfred ist erleichtert.

Wenig später wartet ein Wagen vor unserem Hotel. Nach Schloss Grafenegg soll's gehen. Biolek hat sich in Schale geschmissen mit anthrazitfarbenem Nadelstreifenanzug und weißem Hemd. Man hat ihn zu einem Musikfestival eingeladen, der zeitgenössische chinesische Komponist und Dirigent mit Weltruhm, Tan Dun, wird heute Abend eine Uraufführung geben. Vierzig Minuten dauert die Fahrt nach Grafenegg, unsere freundliche Begleiterin erklärt uns die Einzelheiten: Tan Dun trete für das Festival als »Composer in Residence« auf, er habe also eine Symphonie geschrieben, der dritte Teil seiner »Organic Music«-Trilogie. Er habe sich sogar eigens Instrumente aus Ton dafür anfertigen lassen. Und er würde seine Komposition auch selbst dirigieren. Ach, sagt Alfred, interessant. An ihm zieht die wundervolle, satte Donaulandschaft vorbei. In seiner Studentenzeit hat er gerne Ausflüge mit Freunden ins Umland unternommen. Sehr flach ist es hier, erst später wird es etwas hügeliger, aber auch nicht wirklich. Das Schloss Grafenegg gehöre den Metternichs und diese hätten die wunderschöne Parkanlage der Öffentlichkeit zugänglich gemacht, sagt unsere Begleiterin. Schon von Weitem sieht man die moderne Konstruktion der Außenbühne aus den Bäumen ragen. Es ist eine großzügige Parkanlage, dieses Grafenegg, mit seinen vielen Bäumen und Alleen und den weiten Wiesen. Ein paar Besucher spazieren umher. Wir werden herumgeführt. Dort die hypermoderne Außenbühne, hier das spleenige Schloss im neogotischen Stil. Dahinter eine Mühle aus dem sechzehnten Jahrhundert. Oder aus dem fünfzehnten sogar. So genau weiß das keiner. Und dann entdeckt Alfred unter einem einsamen Baum eine Picknickgesellschaft. Es ist eine fast irreale Szene, wie in einem zu kitschig geratenen Hollywoodfilm. In den Baumästen turnen glückliche Kinder umher, der Tisch ist reich gedeckt, und drum herum sitzen viele fröhliche Menschen, trinken Wein und essen und plaudern.

Alfred nähert sich vorsichtig, das wäre doch ein schönes Bild für unser Buch, und dann, plötzlich: »Alfred, was für eine Überraschung! Was machst du denn hier? Komm, setz dich bitte!« Biolek kennt eben immer einen, oder jemand kennt ihn. In diesem Fall ist es ein alter Bekannter, Michael Moosbrugger nämlich, ein prominenter Winzer der Region, das war fast zu erwarten. Viele Freunde hat er ins Konzert eingeladen und bewirtet sie nun hier draußen. Auch Toni Mörwald ist dabei, ein österreichischer Spitzenkoch, der dann auch gleich Visitenkarten verteilt. Bio bekommt ein Glas des Gobelsburg Veltliners in die Hand gedrückt, und dann sitzt er auch schon in großer Runde und erzählt. Es sei ganz erstaunlich, sagt er tief zu seiner Sitznachbarin gebeugt, die er zwar nicht kennt, aber das ist jetzt egal, es sei ganz erstaunlich hier, er fühle sich gerade in seine alte Heimat nach Tschechien zurückversetzt. »Es ist

wie ein Flashback meiner Kindheit«, so Biolek. »Die Gastfreund-
schaft meiner Eltern war genauso. Meine Eltern haben regelmäßig
Freunde und Bekannte aus Karviná eingeladen, gemeinsam fuhren
wir aufs Land zu Freunden und dort haben meine Eltern dann die
Gäste unter freiem Himmel bewirtet. Und ich saß als Kind in den

Bäumen und beobachtete die Menschen.« Biolek schwärmt und schwärmt und schwärmt, sagt: Ja, wie herrlich, und immer wieder sagt er auch, wie sich die Bilder doch ähnelten. In seinen kühnsten Träumen hatte er es sich nicht erdacht, hier, an der Donau, eine Dreiviertelautostunde von Wien entfernt, auf seine Kindheit zu treffen. Im Laufe der Reise wird er diesen Tag immer wieder als besonderes Erlebnis herausstreichen.

Zwischen den beiden großen Bäumen, die den Rahmen bilden, ist ein Buffet aufgebaut. Die letzten Wespen schwirren umher. Ein bisschen könne er ja vom Buffet probieren, meint Bio. Aber nur ein bisschen, denn gleich träfen wir uns ja noch mit Buchbinder, dem berühmten Pianisten, da gäbe es ja auch noch was zu essen. Das alles dauert vielleicht zehn, vielleicht zwanzig Minuten. Alfred spült den letzten Rest des guten Weins herunter, dann müssen wir auch weiter. Das Konzert beginnt bald, und Rudolf Buchbinder wartet jetzt auf uns.

Am Eingang steht er dann mit seiner Frau, schüttelt Hände, grüßt. Es sind viele Hände an diesem Abend, die Rudolf Buchbinder zu schütteln hat. Er ist der künstlerische Leiter des Musikfestivals Grafenegg und damit verantwortlich für das Programm. Seine Frau sagt zu ihm: »Schau mal, da, der Kritiker von der Presse. Und dort, der Standard.« Für das noch junge Festival ist die Presse besonders wichtig. »Es ist«, sagt Buchbinder, als wir uns setzen, »es ist das Pendant zu Salzburg. Nur nicht so teuer!« Hier könne man sogar für ein paar Euros schon auf den Wiesen sitzen und die Konzerte verfolgen. Es soll ein Festival für alle Menschen sein, sagt Buchbinder. Und so ist das Publikum an diesem Abend auch sehr durchmischt, was Alfred besonders positiv auffällt. Dann kommt Rudolf Buchbinder aufs Essen. Herr Biolek, könnten Sie auch ein Restaurant führen? Für wie viele Leute könnten Sie gleichzeitig kochen?

Was ist Ihre Lieblingsspeise? Biolek sagt, nein, ein Restaurant könne er nicht führen, das sei zu viel. Schließlich sei er ja nur Hobbykoch. Und ein echtes Lieblingsgericht habe er nicht. Aber hier in Wien habe er für sich das Backhendl wiederentdeckt. Dann kontert er: »Und Sie, Herr Buchbinder, kochen Sie gerne?« »Nein«, sagt Buchbinder, »das macht alles meine Frau. Dafür aber spiele ich fast so gut Klavier, wie meine Frau kochen kann.« Das gefällt Alfred, großes Gelächter am Tisch. Dann erklingen die Trompeten, die ein wenig an Bayreuth erinnern. Es wird Zeit.

Der Konzertsaal ist beinahe ausgebucht, trotz eines modernen Musikabends. Das ist bemerkenswert, findet Biolek. Tan Dun tritt auf die Bühne, mit großen Schritten und großem Mikro in der Hand. Er ist sichtlich aufgeregt, und das, obwohl er zu den großen, weltweit anerkannten zeitgenössischen Komponisten gehört und für seine Arbeit bereits einen Oscar erhalten hat. Er erklärt den Kon-

zertverlauf, spricht von den fünf Elementen, vom Wasser und Feuer, von der Luft, von der Erde und – vom Wasser. Er schüttelt den Kopf, dann nennt er noch die Leere, lacht sympathisch und entschuldigt sich. Schließlich dunkelt sich das Licht ab und es geht los. Eine frühere Symphonie wird gespielt, es folgt ein Klavierkonzert. Dann schließlich die Welturaufführung. Die eigens konstruierten Instrumente werden hereingetragen und Tan Dun stellt sie dem Publikum vor. Alfred Biolek schaut neugierig in Richtung Bühne. Er reckt den Hals. Dann sagt er: »Der Aufbau dauert länger als das Stück.« Für besonderes Gekicher sorgt dann ein Horn, das wie der Pups eines mittelgroßen Vierbeiners klingt, sodass schließlich auch Tan Dun, der schüchterne Chinese, beim nochmaligen Vorspielen laut auflachen muss. Es ist dann, wie zu erwarten war, sehr experimentell. Ein paar Zuhörer schauen interessiert nach vorn. Andere interessieren sich mehr für sich und was sie an Papierwerk in den Taschen mittragen. Eine Dame vor uns hat sich konsequent fürs Schlafen entschieden. Am Ende ist der Dirigent erleichtert. Tosender Applaus, Welturaufführungsapplaus. Alle klatschen, doch keiner hat's so recht verstanden. Das wird draußen klar. Frustriert schnauzt ein älterer Herr dann seine Frau beim Rausgehen an: »Grässlich war des! Des war gar nix! Schlimm!« Und eine Dame fragt die andere: »War das Musik?« Alfred sagt: »Es war zu lang.« Das scheint auch Rudolf Buchbinder so zu sehen. Doch er versucht, sich nichts anmerken zu lassen. Von ihm will Alfred dann noch wissen, ob das Stück denn auch in hundert Jahren noch gehört würde. Er selbst denkt: nein. Buchbinder zuckt mit den Schultern. Wir verabschieden uns, es war sehr schön hier, besten Dank, dann sind wir auch schon wieder in Richtung Wien unterwegs. Die Klänge, die Instrumente, das alles spukt auf dem Rückweg noch in Alfreds Kopf herum. »Aber es ist doch toll, dass es das so gibt, hier, mitten im konservativen Österreich. Das würde man nicht unbedingt erwarten.« Er ist dann doch sehr zufrieden mit dem Abend und mit dem Leben und mit der Reise im Allgemeinen.

Alfred Biolek ist kein Frühstücksmensch. Ein schwarzer Tee, ein halbes Brot und Ei, das war´s. Nur die Süddeutsche, die darf nicht fehlen. An diesem Morgen sitzt er schon früh am Tisch und bearbeitet genüsslich seine Zeitung. Seine Brille hat er von der Nase genommen, mit interessierten Augen und ziemlich nah dran liest er die Seiten des Feuilletons. Es ist halb zehn und draußen ist nochmal Sommer. Das milde Kontinentalklima Osteuropas.
Vor uns auf dem Frühstückstisch liegt ein Stadtplan Wiens. Er veranschaulicht die Struktur der Stadt, die einzelnen Bezirke, wie sie fast schneckenhausartig die Innenstadt umrunden. Der erste Bezirk als zentrales Organ, das damals gegen die Angriffe der Türken verteidigt werden musste. In einer zweiten Schicht dann drum herum der zweite bis neunte, dahinter die restlichen vierzehn Bezirke. Alfred Biolek ist nun fertig mit seiner Zeitungslektüre und widmet sich der Tagesplanung. Der Stadtplan wird umständlich auseinandergefaltet, dann geht er mit dem Mittelfinger einige Straßen ab. Gern, sagt Biolek dann, würde er nochmal sein altes Studentenheim besuchen. »Ob das noch existiert?« Und das Hotel Regina,

in dem seine Eltern mit ihm und mit seinen Brüdern während deren Wienurlaube immer unterkamen. Wir kramen unsere Sachen zusammen, Fotoapparat, Notizblock und was sonst alles noch gebraucht wird, und bestellen ein Taxi.

1943 kommt Alfred Biolek zum ersten Mal nach Wien. Da ist er noch ein Kind und zusammen mit seinen Eltern hier. Das nächste Mal kommt er 1954, da schon als junger Erwachsener, als Student. »Wien«, sagt er, »das war in unserer Familie immer der Bezugspunkt. Ich fühlte mich hier nie fremd.« Zunächst hatte er sein Studium in München begonnen, das war aber nichts, später sollte es ihn dann nach Freiburg ziehen. Zunächst aber machte er Station in der österreichischen Donaumetropole. In der Tradition des Vaters entschied Alfred Biolek sich für Jura. Das hatte der Vater schon ebenfalls in Wien studiert. Und viele Alternativen gab es damals auch nicht wirklich. Familie Biolek verlor durch die Vertreibung aus Tschechien alles Hab und Gut. Richtiger: Es wurde ihr genommen, wie Alfred betont. Und einer musste folglich dem Vater in seiner Anwaltspraxis in Waiblingen bei Stuttgart, der neuen Heimat der Familie, Unterstützung leisten und als Nachfolger in Aussicht stehen.

Wir fahren mit dem Taxi zum Studentenheim von einst. Die Pfeilgasse, in der Alfred für das eine Semester in Wien gewohnt hatte, ist eine ruhige Seitenstraße im achten Bezirk. Das Studentenheim ist auch heute, nach über fünfzig Jahren, noch immer dasselbe. Eine graue, recht hässliche Zementfassade, die von schlichten und winzigen weißen Fenstern durchbrochen wird. Von einem Balkon im ersten Stock hängen traurig fünf schmutzige Länderfahnen herab. Von hier aus hatte es der Student Biolek nicht weit zur Uni; die Josefstädterstraße hinunter, dann abbiegen in die Auersperger, schon war er da. »Wenn ich denn überhaupt mal da war«, setzt er verschmitzt hinzu. Die meiste Zeit nämlich sei er in der Oper gewesen. Oder er habe sich in irgendeinem Café in Egon Friedells »Kulturgeschichte der Neuzeit« begeistert vergraben. Oder er war bei der Studentenverbindung. »Kunst und Kultur spielten da keine große Rolle. Da wurden hauptsächlich Männlichkeitsrituale verfolgt. Oft endete es dann in einem riesigen Biergelage.« Ob er sich dort wohlgefühlt habe? »Weißt du, ich war hier ja eigentlich ein Fremder. Und das Einzige, was mich aufgefangen hat, das war die Verbindung damals. In gewisser Weise war ich abhängig von denen.« Und es gab eine gewisse familiäre Tradition für Alfred, denn auch sein Vater war schon in dieser katholischen Hochschulverbindung gewesen, in der Nordgau Wien, die es auch heute noch immer gibt. Es war erzkonservativ, erinnert sich Biolek. Und rückblickend war es auch nicht seine Welt. Kontakt zu alten Verbindungsfreunden hat Alfred heute keinen mehr. »Ich habe mich ja später emanzipiert, Anfang der Siebziger mit meinem Umzug nach München. Ich habe mein bürgerliches Kostüm abgelegt und so gelebt, wie ich es wollte. Das waren zwei Welten, die nicht mehr passten.«

Wir steigen wieder ins Taxi, das vor der Tür auf uns gewartet hatte. »Zum Hotel Regina, bitte!«, gibt Alfred durch. Es ist gleich um die Ecke, keine fünf Minuten entfernt. Der Ringstraßendom, wie die Votivkirche auch genannt wird, wirft bereits lange Schatten seines neogotischen Sakralbaus auf das Viersternehaus. »Hier wären wir«, sagt der Fahrer: »Am Rooseveltplatz 15«. Diesen Platz, sagt Alfred dann wohl als Erklärung gemeint, den erinnere er noch unter dem Namen Göringplatz. Am Platz vor der Votivkirche kann man tatsächlich die bewegte Geschichte der Stadt ablesen: Ursprünglich hieß dieser nämlich Maximiliansplatz, nach dem Protektor des Kirchenbaus und Bruder des Kaisers Franz Josef I., dann, bis 1934, Freiheitsplatz, später Dollfußplatz (Engelbert Dollfuß war Begründer des austrofaschistischen Ständestaates) und anschließend eben Hermann-Göring-Platz. »Aber warum heißt der Platz heute Rooseveltplatz?«, will Biolek wissen, das leuchte ihm nicht so recht ein. Vor dem Hotel dann alles wie gehabt. Das große Schild über dem Eingang, die selbe Fassade, auch drinnen hat sich kaum et-

was geändert. Strammen Schrittes geht Alfred die Festräume ab bis hinein ins Restaurant Roth. Wandmalereien eines längst verloren gegangenen Wien zieren alle Räume. »Ein Stück altes Wien«, meint Alfred. Nachdenklich schaut er sich um, zwei Hotelgäste nicken ihm zu und murmeln etwas von hohem Besuch und von Stuttgart und freuen sich sichtlich über die unerwartete Begegnung mit dem TV-Urgestein aus Deutschland. Dann entdeckt Alfred Biolek noch ein Ölgemälde im Foyer. Interessiert nähert er sich. Wer das wohl ist? Auf einer kleinen Plakette daneben ist zu lesen: Christine Kremslehner bis 1956. »Ja«, sagt Alfred, »die haben meine Eltern sicher noch gekannt. Die Kremslehners, das waren die Eigentümer des Hotels.« Biolek wirkt nostalgisch.

Etwas später: Das Franziskanerviertel liegt ruhig da in der spätsommerlichen Nachmittagswärme, die kleinen verwinkelten Gassen bahnen sich gemütlich ihren Weg, in die Häuserschluchten legt sich die Sonne jetzt seitwärts hinein. Das alte Wien ist hier ganz nah. An jedem Pflasterstein meint man, die Geschichte der Stadt ablesen zu können. Wer hier wohl schon alles drübergelaufen ist? Wir vertreten uns die Beine. Alfred war das Viertel bisher nicht so präsent. Es liegt etwas versteckt hinter dem übergroßen Stephansdom. Es ist, als würde der Dom die innere Stadt in zwei Stücke zerlegen; in den Westflügel, überschwemmt von Touristenmassen, den vielen traditionsreichen Kaffeehäusern aus den Reiseführern, dem Graben und der verkommerzialisierten Kärntnerstraße. Und in den Ostflügel, einer kleinen Oase mit winzigen Läden und Antiquariaten und netten Restaurants. Alfred ist vom vielen Herumlaufen etwas müde geworden. Am Franziskanerplatz im »Kleinen Café« finden wir einen leeren Tisch. »Ich bin in Wien so oft gewesen«, sagt er. »Neben New York ist es die meistbesuchte Stadt für mich. Und trotzdem entdecke ich hier jetzt wieder ein ganz anderes Wien. Es ist moderner geworden, hat seine Traditionen aber nicht verloren. Ich merke doch mehr und mehr, dass in Wien tatsächlich meine Wurzeln liegen. Viel mehr noch, als ich gedacht hätte.« Nach ausgiebiger Zeitungslektüre und einem Café Latte schlendern wir noch etwas

umher. Eine Frau, die bereits an der vorherigen Ecke ihre Blicke auf Alfred gezielt hatte, greift nun an der nächsten Ecke zum Äußersten: »Herr Biolek«, sagt sie mit weit aufgerissenen Augen und zückt ein vollgekritzeltes Papierblatt hervor, »ich bin Ihr größter Fan!« Freundlich lächelt Biolek sie an und zeigt sein bestes Alfredissimogesicht. Daraufhin die Dame weiter: »Könnten Sie mir hier vielleicht ein Autogramm geben? Das ist ein Apfelkuchenrezept!« Alfred nickt und unterschreibt. Zwei, drei Wortwechsel, dann steht auch fest, dass es sich bei dem Rezept um keines von Alfred Biolek gehandelt hat. Ihm ist das egal. Bio lacht und verabschiedet sich höflich. Dann geht es zurück ins

Hotel. Alfred muss sich nun umziehen, für den Abend ist nämlich ein Opernbesuch geplant.

Es gibt Faust zu sehen von Gounod und Alfred erzählt begeistert von seiner großen Begeisterung für das Musiktheater. Schon als Schulkind in Baden-Württemberg sei er am liebsten in die Oper gegangen. »Das war eine tolle Ablenkung vom tristen und kargen Alltag im Waiblingen der Nachkriegsjahre. Ich habe alles gesehen, kannte jede Arie und jede Passage.« Diese Begeisterung war es

auch, die später die Wiener Studentenzeit zu einem Erlebnis für ihn machte. »Wien ist einfach Musik«, sagt Alfred Biolek. »Mozart, Haydn, Strauß, Schubert – alle waren sie dort und fast alle hatten sie

auch ihre größte und produktivste Zeit in Wien.« Biolek besuchte in seiner Studentenzeit jedoch nie die Staatsoper. In den letzten Tagen des Zweiten Weltkriegs brannte das so genannte erste Haus am

Ring fast vollständig aus und konnte erst 1955 wiedereröffnet werden. Biolek also ging damals in das »Theater an der Wien«, die traditionsreiche Bühne des Emanuel Schikaneder im sechsten Bezirk. Schikaneder hatte das Haus Anfang des neunzehnten Jahrhunderts mit seinen Einnahmen aus der Textdichtung zur Zauberflöte finanziert und zu großem Ruhm gebracht. Alfred Biolek schaute sich in dem einen Semester so ziemlich alles an, was auf der Opernbühne geboten wurde. Er war ein regelrechter Opernverrückter, beinahe süchtig nach dem gesungenen Wort. »Ich konnte mir nur die billigsten Karten leisten. Und so hab ich mir die Aufführungen nur aus der letzten Reihe aus anschauen können, drei, vier Stunden. Immer im Stehen.« Sein gesamtes Geld investierte er in dieses Hobby. Später dann, als die Staatsoper wieder geöffnet hatte und Alfred auch dort gerne seine Stunden mit Sarastro

und Tamino, mit Violetta Valery und Alfredo Germont verbrachte, da lernte er auch die kulinarische Opernwelt kennen. »Nach der Oper«, erinnert sich Alfred Biolek heute, »nach der Oper ging ich dann an die Würstelbude hinter der Staatsoper. Das war für mich das Größte und es wurde zu einem festen Ritual.«

Noch heute gibt es diesen Stand am Albertinaplatz. Große Gurken-
gläser zieren die Rückseite der Bude, Würstel heißen hier Debreziner und – in welcher deutschen Würstchenbude gibt's das schon?
– auch einen Grünen Veltliner bekommt man hier in ordentlicher
Qualität und für genau 2,50 Euro. »Nach der Oper«, sagt Alfred
dann mit erhobenem Zeigefinger und einem Stück Debreziner
noch im Mund, »hat man also die Wahl zwischen Würstelstand für
das kleine Portemonnaie oder aber der Roten Bar im Hotel Sacher,
für die gehobeneren Ansprüche, wenn man so will. Beides ist toll.
Die Rote Bar konnte ich mir dann erst in den Achtzigern leisten.«
Beides aber sei ein absoluter Geheimtipp, wie er verschwörend hin-
terherschiebt. Diesmal lassen wir den Opernabend in der Roten
Bar ausklingen bei frischem Fisch und herausragendem Wein.

Am nächsten Tag ist Alfred Biolek vom vielen Hin und Her doch
ziemlich erschöpft. Wir lassen es also ruhiger angehen, schließlich
ist es unser letzter Tag in Wien und Alfred ist nervös. Vier Tage sind
wir nun schon hier, fast jeden Tag war es auch ein kleiner Schritt
zurück in seine Vergangenheit. Und morgen werden wir nach
Tschechien reisen, das bereitet ihm erheblich Kopfzerbrechen. Es
ist für Biolek, wenn man so will, neben den vielen eher kleineren
Schritten doch der größte Schritt ins Gestern. Ein Schritt, den er
nie machen wollte. Es ist eine Reise in seine Kindheit, eine Reise zu
den ersten zwölf Jahren seines Lebens. Nach Karviná soll's gehen,
in die Geburtsstadt, die damals noch Freistadt hieß und die er mit
seiner Familie als Vertriebener Hals über Kopf hat verlassen müs-

sen. »Mir graut richtig davor«, sagt Alfred jetzt. Auch die Tage zuvor schon versuchte er alles, um diese Reise doch nicht stattfinden zu lassen: Wenn wir keine Platzreservierungen bekommen, dann fahre ich nicht! Oder: Wenn schlechtes Wetter sein sollte, dann bleibe ich hier! Je näher der Tag, desto öfter äußerte er seine Bedenken. Am Tag vor der Reise ist dann jedoch klar: Wir haben Plätze reservieren können, und das Wetter wird gut. Die Reise findet also statt!

Wir drehen noch eine Runde um den Prater. Alfred sagt, dass es ihn als Kind ganz besonders beeindruckt habe, dass es hier, in Wien, eine ganzjährige Kirmes gegeben habe. »Jeden Tag, das konnte ich mir gar nicht vorstellen.« In Tschechien hätte es einmal im Jahr eine Kirmes gegeben, aber immer?, das sei damals sein großer Traum gewesen. Heute sieht sein großer Traum anders aus. Meist besteht er aus Wein und einem guten Essen mit netten Freunden und guten Gesprächen. Wir verlassen also den Prater und fahren mit dem Taxi zu »Rudi´s Beisl«. Es ist ein Abschiedsessen für Alfred Biolek. Andreas, der Wiener Freund von Biolek-Freund Tim, dem Fernsehmann, erwartet ihn schon. Bernd ist ebenfalls da, Bioleks Finanzberater, und dessen langjähriger guter Freund, der Deutsche Botschafter in Österreich, Hans Henning Blomeyer-Bartenstein.

Und auch der Urwiener, Opernstar Kurt Rydl sitzt mit am Tisch. Unterschiedlicher könnte diese kleine exklusive Runde nicht sein und man würde doch gerne mal wissen, was der Wiener Schriftsteller Thomas Bernhard in seiner holzfällerischen Grantelei über diesen Abend zu Papier gebracht hätte.

»Rudi´s Beisl« liegt im bürgerlichen vierten Wiener Bezirk. Rudi gibt es seit vielen Jahren hier nicht mehr. Dafür aber Christian Wanek, der gleichzeitig Koch und Gastwirt ist und dafür sorgt, dass dieses Lokal seinen Altwiener Charme versprüht. Die Küche ist traditionell, und auch die Gäste sind es. Kurt Rydl, der Opernstar, freut sich: »Hier wird man noch richtig hofiert. So, wie es sein soll. Deshalb komme ich auch gerne her.« Und schon kommt Wanek an den Tisch, begrüßt die Gäste und umarmt Rydl: »Verehrter Herr Kammersänger, habe die Ehre!« Der Botschafter wird ebenso pompös begrüßt, den kannte man noch nicht im Beisl und freut sich umso mehr darüber, dass er nun auch hier ist. Und Alfred wird dann zur Inspektion gleich mit in die Küche gelockt.

An den Wänden hängt eingerahmte Prominenz. Rydl sieht man auf einem Foto mit dem Wirt, auch Alfred hängt hier bereits am Nagel. Nun würde noch der Botschafter fehlen, wird gesagt. Etwas weiter lächelt Peter Weck von der hellblauen Vertäfelung zum Gast herab. Auch wenn man es vielleicht vermuten könnte, ein so genanntes Promilokal ist Rudi´s Beisl sicher nicht. Hier geht es deftig zu. Beim Essen und auch im Umgang. Aus der Küche scheppern laut die Töpfe aufeinander. Unser Tisch fällt gar nicht weiter auf zwischen den eng aneinander sitzenden Gästen.

Den größtmöglichen Kontrast stellen an diesem Abend der »Herr Kammersänger« Rydl und der »Herr Botschafter« Blomeyer-Bartenstein dar. Blomeyer-Bartenstein ist eine sich elegant darstellende Person, leise, beim Reden bedacht und mit einem einwandfreien Anzug. Großen Wert legt er auf Manieren, das ist klar. Freizeitlook heißt bei Blomeyer-Bartenstein: Anzug, krawattenlos. Rydl hingegen ist ein Haudegen, eine Rampensau, ein Bühnentier. Er trägt weit geöffnete Hemden und eine wilde Haarpracht. Er sagt Scheiße und Ficken, wenn es sein muss, und Blomeyer-Bartenstein blickt bei jedem dieser Wörter etwas geniert in die Runde und lächelt etwas gequält. Alfred sagt zu Rydl dann, dass der Herr Botschafter ja gerade mal seit fünf Wochen in der Stadt sei. Zuvor wäre er in London eingesetzt gewesen. Und Rydl erwidert, dass das ja nun aber keine Entschuldigung sei. Wofür, das bleibt offen. Dann klopft Rydl

dem etwas erschrockenen Blomeyer-Bartenstein auf die Schulter, Rydl macht eine Kunstpause und lässt seine Lippen eine gute Weile genüsslich in seinem kreisrunden Bart umherspazieren, dann sagt er: »Wir werden alles dafür tun, Sie zu verderben!« Alfred prustet kräftig los, der Botschafter sagt lachend: Ich bitte drum, ich bitte drum!, und die restliche Runde stimmt fröhlich mit ein.

Als dann das Essen kommt, sind die Augen aller groß. Der Tafelspitz riecht nicht nur hervorragend, er schmeckt auch so. Rydl hingegen isst Backhendl und trinkt Bier, der Rest des Tisches vergnügt sich am Veltliner. Der krönende Abschluss dann sind für Alfred die Palatschinken, die typisch österreichischen Pfannkuchen mit Apfelmus und diversen Konfitüren und mit Puderzucker bestäubt. Dann ist Alfred Bioleks fachmännisches Urteil gefragt. Ob es ihm zugesprochen habe, will Wanek, der Gastgeber, von ihm wissen und strahlt über das ganze große Gesicht. Und Alfred sagt dann: »Sehr sogar! Mehr als sehr!« Zum Abschluss gibt es dann noch einen Obstbrand, den Alfred ausnahmsweise mal trinkt. Botschafter Blomeyer-Bartenstein ist sichtlich gelöst von dem herzlichen Verlauf des Abends, er umarmt Rydl und lädt die Restlichen ein, beim nächsten Besuch doch unbedingt auch bei ihm wieder anzuklopfen. Alfred strahlt über beide Ohren, ist jetzt aber auch müde geworden. Bernd, der Finanzberater, und Botschafter Blomeyer-Bartenstein nehmen ein Taxi und verschwinden in die Weiten der Dunkelheit. Rydl stellt sich für uns als Fahrer zur Verfügung. Dann rauschen auch wir in die Nacht hinein.

Eurocity 104 Sobieski steht bereits auf Gleis 5 bereit. Um kurz vor neun ist Abfahrt. Von Wien nach Warschau geht die Fahrt des Zuges. Wir sind zeitig am Südbahnhof und decken uns noch kräftig mit Lesestoff ein. Etwa zweieinhalb Stunden werden wir in Richtung Polen fahren, einmal quer durch Tschechien. Müde ist Alfred an diesem Morgen, wieder einmal nicht ganz seine Uhrzeit, aber das ließ sich nicht vermeiden. Und viel geschlafen hat er auch nicht. Es wurde spät gestern im Beisl, und heute, so sagt er, sei er bereits um sieben aufgewacht und habe nicht mehr schlafen können. »Schrecklich, ich weiß auch nicht, wie das kam.«

Wir haben ein ganzes Abteil nur für uns. Es pfeift, der Zug ruckelt, schwerfällig setzt sich die alte Lok dann in Bewegung. Und Alfred steckt mitten in seiner Lektüre. Kurz nach Wien schon ziehen die weiten Felder vorbei, von der Sonne versengte Sonnenblumen-plantagen, Wein, Mais und Kürbis. Die Frankfurter Allgemeine berichtet von Präsident Sarkozy, der sich bei einem Besuch einer Fabrik geweigert haben soll, mit ihn körperlich überragenden An-gestellten auf ein Foto zu kommen. Kleiner Mann ganz groß. Al-fred kennt solche Befindlichkeiten nicht und schüttelt den Kopf, legt sich gemütlich in den Sitz und schläft ein.

Eine Stunde später überschreiten wir die Grenze. In Breclav steigen tschechische Polizisten mit in den Zug und inspizieren die Abteile. Sie sehen grimmig aus, das müssen sie wohl. Aber da wir unver-dächtig aussehen, lässt man uns in Ruhe. Alfred Biolek verschläft die Situation mit weit geöffnetem Mund und gelegentlichem Grun-zen. Das Land zieht vorbei, erst flach, dann bergig, später wieder

76

flach. Auf den Landstraßen, die die Zugstrecke begleiten, fahren Lastwagen, viele Lastwagen in beide Richtungen und verschmelzen das alte und das neue Europa auch warentechnisch von Tag zu Tag, von Stund zu Stund.

Es ist die Zugstrecke, die auch die Eltern Biolek auf ihren Reisen nach Wien so oft gefahren sind. Die Landschaft wird sich nicht besonders verändert haben. Und die Städte? Wie hat sich Karviná verändert? Viel ist in diesem Land geschehen in den vergangenen fünfundsechzig Jahren: Prager Aufstand, Machtergreifung durch die Kommunisten, Prager Frühling, die so genannte »Samtene Revolution«, Teilung der Tschechoslowakei und Eigenständigkeit Tschechiens und schließlich die Mitgliedschaft in der Europäischen Union. Für Alfred Biolek ist es heute eine Fahrt mit großen Fragezeichen. Was wird er empfinden in seiner Geburtsstadt, die er seit nunmehr über sechzig Jahren nicht besucht hat? Werden Emotionen aufkommen, die er nicht erwartete? Die er gar unterdrückt hat, ohne davon zu wissen? Er hatte sich immer gegen diese Fahrt gewehrt. Nie wieder wollte er dorthin reisen. Es sollte sein verlorenes Paradies bleiben, wie er immer und immer betonte. Nun aber sitzen wir im Zug und sind bereits kurz vor Karviná. Die ersten Häuser tauchen auf, Ostrava. Hier, sagt Bio dann, aus diesem Ort stamme seine Mutter. Verfallene Industrie-Ruinen säumen die Zugstrecke, sozialistischer Plattenbau dahinter. »Jetzt kommen viele Erinnerungen hoch«, sagt Alfred. Er schaut aus dem Fenster, der Zug erreicht den Bahnhof und kommt schließlich zum Stehen. »Während des Krieges musste mein Vater jede Woche hier vorbei, nach Cesky Tesin, an die polnische Grenze«, erinnert sich Alfred. »Dort war er stationiert. Wir sahen ihn nur am Wochenende.«

In Bohumin dann, eine Station nach Ostrava, oder wie Alfred sagt: Mährisch Ostrau, steigen wir um in den Regionalzug, der uns nach Karviná bringen soll. Eine klapprige Konstruktion ist das, überall scheppert und quietscht es. Die Fahrt dauert weitere fünfzehn Minuten. Alfred macht sich Sorgen, dass wir nicht rechtzeitig zum Aussteigen kommen. »Die Züge halten hier nur ganz kurz!« Aber dann befinden wir uns schon auf dem Bahnhof, der uns ziemlich trist und grau und alt begrüßt. Der Taxifahrer vor dem Bahnhof versteht kein Englisch und auch kein Deutsch und Tschechisch, das kann Alfred schon lange nicht mehr. Küss die Hand gnädige Frau, das könne er auf Tschechisch so gerade noch sagen. Aber das hilft jetzt auch nicht weiter. Mit Händen und Füßen machen wir uns verständlich, und das klappt immer. Vorbei an einem nullachtfünf-

zehn Industriegebiet bringt uns unser Fahrer dann ins Stadthotel. »Da«, ruft Alfred, »da ist mein Geburtshaus. Unverändert. Und hier, rechts, die kleine Kirche, wo ich immer gespielt habe.« Die Fahrt endet nach zehn Minuten. Das Einchecken dauert seine Zeit, Verständigungsprobleme lassen Alfred ungeduldig hin- und her-trippeln. Nach einer kurzen Erfrischung auf den Zimmern dann machen wir uns auf ins Zentrum, die Straße herunter, schon taucht der Marktplatz auf. Alfred Biolek geht ein paar Schritte vor. Er mustert die Menschen und mustert die Häuser. »Alles sehr fremd«, sagt er dann.

»Was geht dir durch den Kopf?«, will ich wissen.

»Nichts.«

»Keine Erinnerungen?«

»Kaum.«

Es ist Wochenmitte, der Gemüsemarkt auf dem Weg zur Stadtmitte scheint gerade zu schließen. Der Marktplatz liegt ruhig da. Der Ort richtet sich für ein Fest her, das ist den kleinen provisorischen Holzhütten zu entnehmen, die auf dem Platz stehen. In der Mitte des Marktes eine Bühne, auf der drei kleine Mädchen sitzen und an ihrem Wassereis lecken. Biolek steht am Brunnen, das Wasser plätschert müde herab, er schaut sich um. »Es hat sich kaum verändert«, meint er dann. Die Geschäfte, ja, das seien natürlich andere. Aber die Häuser sehen noch genauso aus wie damals. Er überquert den Markt, schlendert am Schloss von Graf Larisch entlang, an diesen Namen erinnert sich Alfred noch genau, und geht zur Kirche hinüber. In Karviná wird gerade jedes Gebäude renoviert, oder es wurde gerade renoviert. Auf jeden Fall putzt sich die Stadt nach ihren Möglichkeiten heraus. Auch die Kirche wird gerade neu gedeckt. »Wahrscheinlich ist sie geschlossen«, meint Alfred. Aber dann steht die Tür doch offen. Alfred Biolek tritt hinein, vorsichtig, leisen Schrittes, und setzt sich auf eine vordere Bank. Macht er gerade die Augen zu? Es ist dunkel hier, nur durch die offene Eingangstür schimmert das wenige Licht herein, das dem Besucher den Blick ins Innere gewährt. Hier also war Alfred Biolek Ministrant. Hier also war der Pfarrer tätig, der enge Familienfreund der Bioleks. Hier also hat Alfred Biolek Stunden, Tage, Monate, Jahre verbracht und die katholische Welt erfahren. »Komisch«, sagt er dann in die Stille hinein, »ich hätte geschworen, dass die Kanzel auf der rechten Seite war. Ich hätte es schwören können.« Nach einer kurzen Pause dann: »Zuhause hab ich einen Altar gehabt und gerne Priester gespielt.« Die Kirche ist jetzt leer, nur eine ältere Frau hat in der gegenüberliegenden Sitzreihe Platz genommen und schaut Biolek misstrauisch an. Alfred bleibt eine ganze Weile sitzen. Dann tritt er wieder in die Sommersonne und umrundet am Schlosspark entlang das Pfarrhaus und die Kirche, um schließlich wieder auf dem Marktplatz zu landen. Etwas verloren wirkt er hier, wie ein Fremder, der er auch ist. Und doch kennt er noch jeden Winkel. Er zeigt auf ein leeres Lokal und sagt, dass er hier mit seiner Mutter immer Schuhe gekauft habe. Der Name des Ladens prangt noch an den großen Schaufenstern: Bata. »Ich begrüßte die Schuhverkäuferin immer mit: Hallo, Frau Bata!«, erinnert sich Alfred nun. »Und sie lachte und sagte dann: Fredele, so wurde ich genannt. Frede-

le, wenn ich die Frau Bata wäre, dann würde ich hier längst nicht mehr im Laden stehen und Schuhe verkaufen.« Die Erinnerung daran amüsiert Alfred Biolek sehr. Und nebenan gleich entdeckt er die ehemalige Apotheke, mit deren Besitzer sein Vater sehr befreundet war. »Wir wurden alle enteignet von den Tschechen. Unsere Teppiche und Möbel sah ich dann hier in den Schaufenstern zum Verkauf.«

Ein paar Meter weiter die Straße vom Marktplatz ab, da befindet sich sein Elternhaus. Links, sagt er, da hätte eine jüdische Familie gelebt. Und dort, im rechten Haus, das sei sein Geburtshaus. Er erkennt alles wieder. »Es hat sich nichts geändert!«, stellt er fest. Unten hätte sein Vater die Rechtsanwaltspraxis gehabt, im Parterre. Und oben hätte die Familie gewohnt. In der ehemaligen Praxis des Vaters hat nun ein Arzt seine Räume, im Haus selbst ist ein Kindergarten untergebracht. Alfred umrundet das Gebäude. Erst möchte er nicht durch das Gartentor, er wolle hier nicht unangenehm auffallen, aber dann ist die Neugier doch zu groß. Er geht durch das verrostete Gartentor und zeigt auf die Fläche am Hinterausgang, gleich neben der Treppe. Die Familie hätte hier Kaninchen und Hühner gehalten – zum Schlachten. Deshalb, so Biolek, hätte er nie eine enge Bindung zu Tieren entwickelt. Bis heute nicht. »Tiere waren für mich immer Nutzvieh«, sagt er. Er watet durch das hohe Gras hinter dem Haus entlang, durch den ehemaligen Obstgarten der Familie. Dort habe er in der Sandkiste gespielt, und hier hätten sein Freund Helmut Pala und er sich immer versteckt. Dann erklärt er die besondere Architektur des Hauses. Es habe im Vergleich zu

anderen Häusern nur drei Ecken, nicht vier. Eine Ecke sei rund, und in der Rundung sei auch sein Kinderzimmer gewesen. »Mein Vater wollte etwas Besonderes haben, etwas Modernes, so kam der Architekt auf diesen Entwurf. Das war etwas ganz Avantgardistisches.« Wir gehen wieder zurück zur Straße, Bios helle Schiebermütze verleiht seinem Gesicht nun eine gewisse Wehmut.

»Kommen noch immer keine Emotionen in dir hoch?«

»Nein. Ich hatte es mir genauso vorgestellt. So, wie es ist. Überhaupt keine Emotionen.«

»Es scheint dich aber doch zu erstaunen. Immerhin warst du nun über sechzig Jahre nicht hier, weißt aber noch genau, wo was war und was du wo erlebt hast.«

»Ja, das stimmt. Es war auch eine schöne Zeit. Aber das ist ein abgeschlossenes Kapitel für mich. Aus, vorbei!«

»Keine Heimatgefühle? Nichts?«

»Eigentlich nicht. Was mich mit diesem Ort verband, das waren auch mehr die Menschen, meine Freunde und meine Familie, nicht sosehr die Häuser und Straßen.« Und nach einer kurzen Pause dann: »Es überrascht mich schon, dass ich nichts empfinde. Aber man muss bedenken, was man uns hier angetan hat. Man wollte uns hier nicht mehr. Man hat uns vertrieben. Das war schon grausam, vor allem für meine Eltern. Als Kind bekommt man das vielleicht auch nicht so mit!«

Wir gehen hinüber zum Marktplatz. Es ist Nachmittag, vielleicht vier oder halb fünf. Alfred möchte sich eine Weile hinsetzen. »Wir müssen noch mal schauen, wo wir heute Abend hier was essen wollen. Das sieht hier ja nicht so besonders aus. Aber für den Notfall habe ich noch eine Flasche Rotwein eingesteckt, die vom Hotel.« Alfred Biolek lacht und freut sich sichtlich über den geglückten Plan. »Ich weiß nicht, ob der gut ist. Aber der wird allemal besser sein als das, was man vermutlich hier ausgeschenkt bekommt.« Im Café dann nimmt er Platz.

Euros werden hier nicht akzeptiert und so müssen wir uns ein paar Tschechische Kronen einwechseln. Fünfzig Euro bei der Stadtsparkasse, das sind etwa tausendeinhundert Kronen. Damit bestellen wir unseren Kaffee und das Wasser gegen das Austrocknen. Biolek sieht geschafft aus vom frühen Aufstehen, von der Zugfahrt, vom Tag, von den Erinnerungen. Dann sagt er: »Ich hätte da einen verwegenen Plan. Wie wäre es, wenn wir heute schon nach Wien abreisten und am Abend dann noch ein gutes Essen und einen schönen Veltliner in Rudi´s Beisl zu uns nehmen?« Keine zwei Stunden später sitzen wir in der Bahn in Richtung Wien und Alfred strahlt über das ganze berühmte Biolekgesicht. Er wirkt erleichtert. Mehr noch: Er ist geradezu euphorisiert von der Vorstellung, Karviná hinter sich zu lassen und gleich wieder in der österreichischen Hauptstadt zu sein, im Beisl, mit Weißwein und österreichischer Hausmannskost. Der Wirt ist überglücklich. Alfred auch. Und der Abend endet beseelt wie auch die Abende zuvor, hier, im Herzen Europas, hier, in Wien.


Durch Alfreds verwegenen Plan haben wir einen Tag hinzugewonnen. Oder jedenfalls ein paar Stunden. Stunden, die Biolek nun nutzen will und einen Freund anruft. Einen österreichischen Maler, der eigentlich in Los Angeles wohnt. Und wenn er dort gerade nicht lebt, sich dann in Irland befindet, auf seinem Schloss. Es ist Gottfried Helnwein mit Ehefrau Renate, die zufällig gerade in Wien sind und die Alfred in sein Stammcafé bestellt, in den Tirolerhof. Ein letztes Mal gehen wir von unserem Hotel an der Mariahilfstraße in Richtung innere Stadt, durch das Museumsquartier hindurch und an den beiden Zwillingsgebäuden vorbei, am Naturhistorischen Museum auf der Linken und dem Kunsthistorischen Museum auf der Rechten. Vorbei an der Hofburg, am Burggarten entlang zur Albertina. Und dann taucht es auf, an der Ecke Führichgasse und Tegetthoffstraße. Vor dem Kaffeehaus sitzen ein paar Menschen und genießen die Spätsommersonne, ein Fiaker hat seine Kutsche unter einem Baumschatten geparkt und döst. Beim Eintreten nicken einige Gäste Alfred zurückhaltend, aber respektvoll zu. Und Alfred nickt gern zurück. Ein galanter Ober holt die Bestellung ein: »Die Herren wünschen?« Alfred wünscht ein Café Latte und ein Stück Topfenstrudel, der, wie er betont, hier besonders gut sei. Am Tisch gegenüber beobachtet ein Damenkreis diskret das Geschehen. Die Damen haben sich fein gemacht, rote und blaue Seidenkleider mit Stickereien, elegante Ohrringe und aufwendige Frisuren. Alfred Biolek ist begeistert. »Ein typischer Wiener Damentisch«, sagt er anerkennend. »Damen, die sich für das Kaffeehaus so wunderbar herrichten, das gibt es nur hier.«

Helnwein, einer der anerkanntesten Künstler des Landes, ist eine imposante Erscheinung. Ein schwarzes Kopftuch umfasst seine

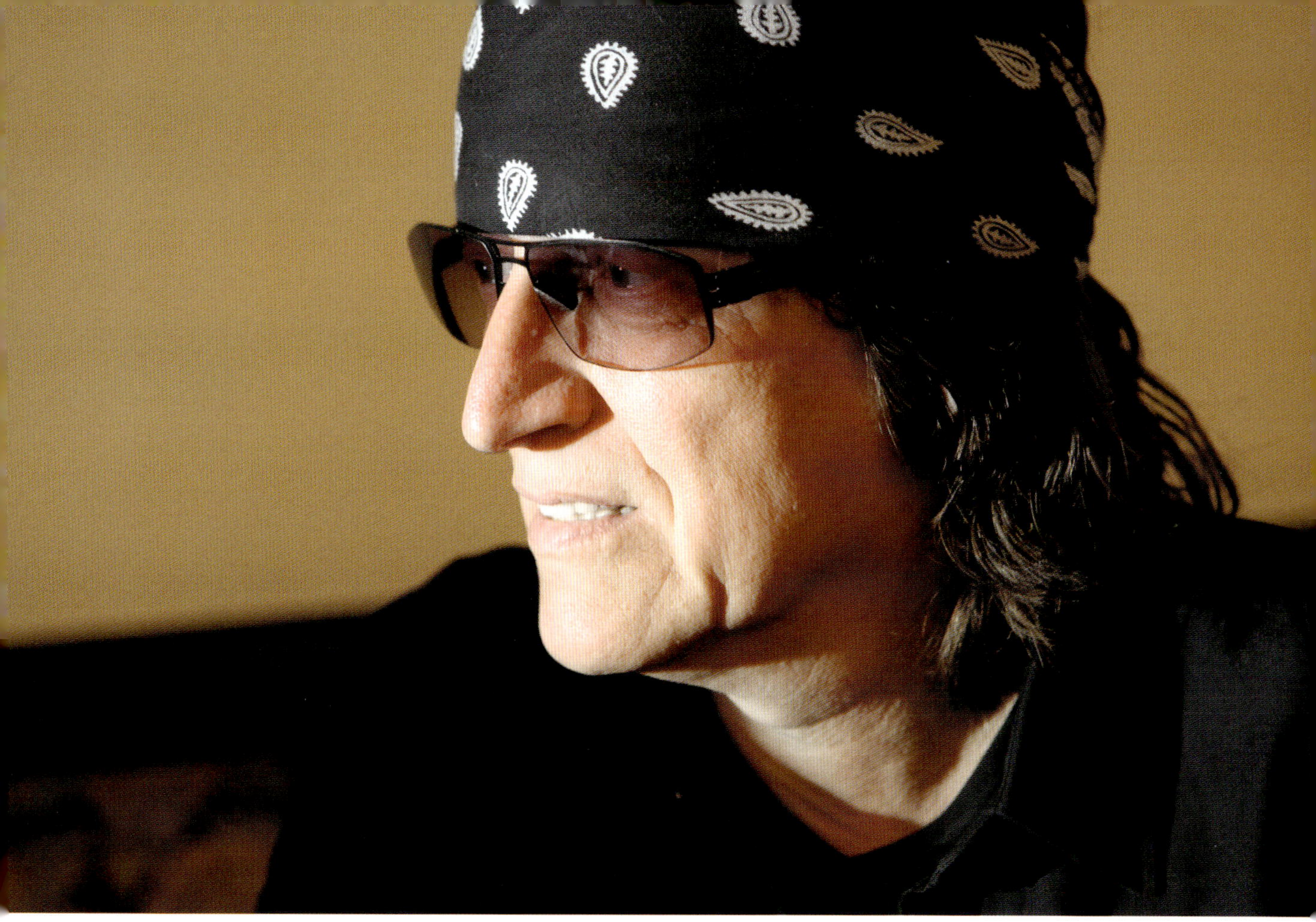

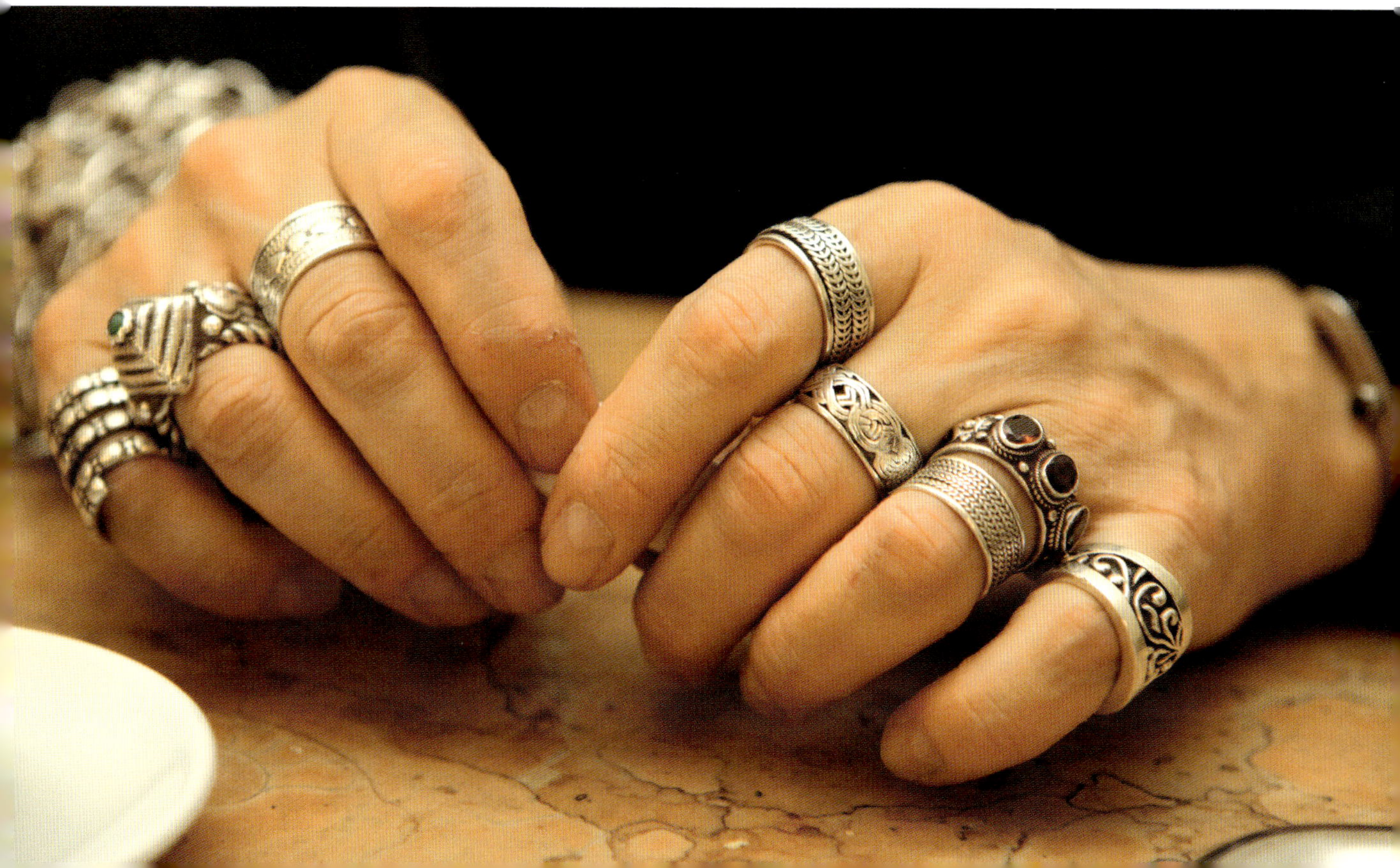

langen dunkelschwarzen Haare, die nicht wie gefärbt aussehen oder eben besonders gut gefärbt sind. Eine schwarze Sonnenbrille verdeckt seine Augen. Und unzählige Ringe zieren seine Finger. Der Ober sagt zu Helnwein: »Im Original sehen Sie aber besser aus als auf Fotos!« Helnwein bedankt sich für diese Feststellung.

Alfred Biolek kennt Gottfried Helnwein seit vielen Jahren schon. Auch Rydl hatte erzählt, dass er und Helnwein sich seit langem kennen, noch aus Studententagen, und beide sich immer, ganz wienerisch eben, mit »Servus, du alte Dreckssau!« begrüßen würden. Alfred und Künstler Helnwein halten es nicht ganz so wienerisch mit ihren Ritualen und umarmen sich schlicht, aber herzlich. Alfred erzählt von seiner Reise. Dass ihn so viel, so unglaublich viel mit dieser Stadt verbinde. Und dass er das so nie vermutet hätte. Und er sagt, dass man im Englischen den Begriff Heimat gar nicht kenne, es gebe keine direkte Übersetzung. Man kenne den Begriff Home, also Zuhause, und man kenne die Roots, die Wurzeln. Aber Heimat, nein. Und ihm sei nun aufgefallen, dass Wien mehr als nur ein Zuhause sei. Das Zuhause, das sei ein Ort und den könne man oft wechseln. Über die vielen Jahre habe er selbst in Köln gelebt und in München, in Griechenland sogar und nun in Berlin. Aber Wien, da seien für ihn die Wurzeln, die wahren Roots.

Dann erzählt Helnwein davon, wie er sich Mitte der Achtzigerjahre von Wien distanzieren musste, von dieser damals schrecklichen und künstlerfeindlichen, von dieser grauenhaften Stadt, wie er sagt. Schon in den Fünfziger und Sechzigerjahren sei die Stadt hinterhältig und gehässig gewesen. Helnwein holt aus, erzählt von der Geschichte Wiens, von der Größe und von der Macht, die von hier ausging, von der Weltmacht und davon, dass nur die österreichische Minderheit damals im großen Kaiserreich Deutsch gesprochen hätte. Slawen gehörten dazu, die Ungarn, bis ans Mittelmeer habe der Einfluss gereicht. Wien sei der Nabel der Welt gewesen. Und plötzlich wurde dieses Reich beschnitten und übrig sei eine kleine und grantige Minderheit geblieben, und diese hätten die Atmosphäre dann auch gerade nach dem Zweiten Weltkrieg vergiftet. »Man hat die Juden ja ausgemerzt. Das waren die, die dieser Stadt ihre Kultur, ihre Architektur, ihr Gesicht gegeben haben. Und es war neben Cordoba die beste Zeit, die Juden in der Diaspora jemals gehabt haben.« Das alles sei für Wien ein mehrfacher Weltuntergang gewesen, meint Helnwein. Alfred Biolek schaut konzentriert zu, den Mittel- und Ringfinger seiner rechten Hand hat er sich hinters Ohr geklemmt, wie nur er das kann, der kleine Finger zeigt nach vorn. Dann sagt Helnwein, dass Wien sich erst durch den Fall des Eisernen Vorhangs wieder verändert habe. »Es war«, sagt er, »wie ein großes Aufatmen, wie ein Durchatmen.« Wien sei unnatürlich von seinem kulturellen Resonanzkörper getrennt gewesen. Länder in Osteuropa, Kroatien, Tschechien, Ungarn, Slowenien, die gehörten einfach noch mit Österreich kulturell zusammen. Das Essen sei dasselbe, es sehe dort auch so aus wie in Wien. »Und seit diesem Durchatmen ist Wien offener geworden, souveräner, weltoffener. Und die junge Generation ist eine ganz andere. Seither bin ich, das muss ich ehrlich sagen, zunächst doch widerwillig, nun aber mehr und mehr und zunehmend auch gerne in Wien

und überlege jetzt sogar, wieder zurückzukommen.« Seitdem, sagt Helnwein dann, seitdem er in Amerika lebe – und er schätze das Land sehr –, habe er aber eine unheimliche Liebe zu Europa entwickelt. Dann mischt Alfred Biolek sich wieder ein. Ja, auch für ihn sei das so. »Ich liebe New York, das würde ich schon auch sagen. Aber zu dieser Stadt oder zu diesem Land empfinde ich keine Heimatgefühle. Diese Heimatliebe empfinde ich nur zu Europa.«
Wir müssen los. Der Flug nach Deutschland geht am späten Nach-

mittag. Alfred Biolek verabschiedet sich, sagt, ja, man sollte sich unbedingt und sehr bald auch mal wieder in Irland treffen. Helnwein und seine Frau stimmen zu, oh ja, schöne Abende hätten sie gemeinsam gehabt. Im Frühjahr 2010 vielleicht?

Wir treten auf die Straße. Toller Typ, dieser Helnwein, sagt Alfred noch. Dann düst er davon, im weißen Taxi in Richtung Airport, in Richtung Berlin, in Richtung Zuhause.

# Rom

Plötzlich lacht er dann doch wieder. Eine Schulklasse hat Alfred Biolek am Flughafen von Rom entdeckt. Die Schüler und Lehrer haben ihn angesprochen, sie haben ihn um Autogramme gebeten. Und sie haben ihn in ihre Mitte genommen, um ein Foto mit dem prominenten Fernsehgesicht zu machen. Alfreds Ärger ist verflogen. In Sekundenschnelle. Dabei hatte er sich kurz zuvor noch unheimlich aufgeregt. Über die schreckliche Verspätung. Und über seine Koffer, auf die er über eine Stunde am Band hatte warten müssen. Nun aber, inmitten der Schüler, da lacht er plötzlich breit und groß und sagt, dass er, sollte er jemals wieder nach Rom kommen, nur noch mit dem Bus anreisen würde. Oder mit der Bahn. »Mit dem Flugzeug sicher nicht mehr!«

Das Hotel Artdeco liegt entgegen der Vorabinformationen nicht im Stadtzentrum. Und vier Sterne sehen auch anders aus. Alfred ist enttäuscht. Die Zimmer sind knastzellengroß, die Matratzen kräftig durchgelegen. Für die Nacht jedoch muss es erstmal reichen und Alfred zieht es für einen späten Happen noch an die Piazza Navona. Die Restaurants rund um den berühmten Platz haben ihre Heizpilze angeworfen, vereinzelt sitzen Gäste in den Außenbereichen. Alfred bestellt einen Tisch. Man kennt die Bilder der großen Piazza vom Sommer: die vielen Maler und Karikaturisten, die gegen Geld Touristen auf die Leinwand bringen; die unzähligen Tauben, die sich wie ein Kostüm auf Brot spendende Passanten legen. An diesem Abend jedoch ist keine einzige Taube hier zu sehen. Und auch den Malern ist es jetzt zu kühl um diese Jahreszeit. Ein paar Flaneure ziehen vorbei. Das gelbe Licht der Straßenlaternen verwandelt den Platz in einen mythischen Ort. Alfred schließt ganz leicht nur seine Augen und seufzt und sagt: »Ach ja, das schöne Rom!« Dankbar sei er, sagt er, dankbar dafür, hier in Europa aufgewachsen zu sein. »Diese Vielfalt, diese überall präsente Kultur. Keine Kriege mehr, Wohlstand. Freiheit. Das ist doch etwas sehr Besonderes.« Er selbst habe viel Glück im Leben gehabt. Und das wisse er sehr zu schätzen. »Das hat mit meiner Vergangenheit zu tun«, meint er. »Und mit meiner Generation. Wir haben es schließlich auch noch anders erlebt!«

Ein alter Fiat Panda der Carabinieri biegt gemütlich um die Ecke. Zwei Polizisten sitzen darin und sind in eine wilde Diskussion verstrickt. »Die ha-

ben Blaulicht an«, wundert sich Alfred. »Nach Einsatz sieht das ja nicht gerade aus«, fügt er hinzu und nimmt einen Schluck vom italienischen Rotwein. Ein auffälliger Ring prangt an seinem Finger. Ein goldener Ring ist das mit einem Stück Holz, den er, wie er sagt, von einem guten Freund bekommen habe. »Das Holz stammt von meinem Küchentisch in Köln«, sagt Alfred und schiebt seinen Unterkiefer bedeutungsvoll nach vorne: »Wer da alles schon dran saß?!« Und dann erinnert er sich an ein Treffen mit Peter Frankenfeld. Anfang der Siebziger war das und Alfred war eingeladen

bei den Frankenfelds zu Hause. Es gab Champagner und Kaviar in rauen Mengen. »Und ich hatte keine Ahnung, was das war: Kaviar?«, bekennt Alfred nun unter lautem Lachen. Wieder zurück in München, erzählt er weiter, da lag von Frankenfeld dann ein an ihn adressiertes Päckchen in der Post. »250 Gramm Kaviar und ein netter Brief. Und ich dachte nur: Na, der ist aber geizig: 250 Gramm! Es war natürlich ein Vermögen wert!« Dann kommt das Essen und Alfred erzählt und erzählt, doch der Abend endet früh. Das Hotel wolle er morgen gerne schnell wechseln. Und er brauche noch etwas Schlaf.

Das Frühstück in unserem Viersternehaus am nächsten Tag ist wie auch die Zimmer: dürftig. Erst das lange Warten am Flughafen, und nun dieses mittelmäßige Hotel. Aber so leicht lässt sich Alfred dann auch nicht die Laune verderben und nimmt die Organisation einer neuen Bleibe in die Hand. Das Hotel Rafael sei leider ausgebucht, sagt man ihm. Aber das Hotel d'Inghilterra hat dann drei Zimmer für uns frei. Die Koffer sind gepackt und ein sehr gut frisierter italienischer Taxifahrer fährt uns in das neue Domizil. Alfred kennt das Hotel bereits von früheren Reisen. Es ist nobel, aber nicht protzig. Ganz nach seinem Geschmack. Nur ein paar Meter entfernt, bemerkt Alfred lobend, gleich um die Ecke, da sei die Spanische Treppe. »Ganz zentral«, sagt er, und: »Besser geht's nicht!« Die Zimmer sind schnell bezogen und wir besuchen zunächst das legendäre Antico Café Greco in der Via di Condotti. Goethe hat auf seiner Italienreise hier seinen Kaffee geschlürft. Und auch die berühmten Komponisten Mendelsohn und Liszt und Wagner putschten sich hier mit der damals noch recht exotischen Bohne auf. Das alles ist natürlich auch in den Reiseführern genau so nachzulesen. Für Alfred jedoch war vor allem das Stadtviertel drum herum besonders attraktiv. Zum Ende des achtzehnten Jahrhunderts galt das Viertel hier um die Piazza di Spagna als Künstler- und Fremdenviertel. Aus ganz Europa reisten berühmte Zeitgenossen an, um die inspirierende Atmosphäre im Schatten der Dreifaltigkeitskirche zu erleben. Und das Café Greco, das war der Mittelpunkt dieser Epoche und lockt bis heute noch viele Intellektuelle und Künstler und Politiker an, um hier zu arbeiten oder um zu reden oder um sich einfach nur zu zeigen. Alfred nimmt auf einer rot bepolsterten Bank im hinteren Teil des Cafés Platz. Ein Kommen und Gehen ist das hier. Inmitten von großen Gemälden mit Motiven aus dem frühen Rom, zwischen Büsten und musealen Figuren, da flimmert über einen monströsen Flachbildschirm schlechtes italienisches Fernsehprogramm. »Schau dir das an«, sagt Alfred kopfschüttelnd. Wer denn hier zum Fernsehen herkomme, das wolle er gerne mal wissen. Das sei ihm doch ein großes Rätsel. Gehetzte Kellner flitzen hin und her. Alfred hebt die Hand zur Bestellung. Er versucht es erneut, doch keiner reagiert. Und als auch ein dritter Versuch scheitert, da steht er plötzlich auf und beim Rausgehen sagt er noch, dass das früher hier doch anders gewesen sei und nicht so touristisch. Am Ausgang dann sitzt ein Mops und blickt Alfred mit großen Glubschaugen entsetzt an. Doch für Hunde hat Alfred jetzt nichts übrig.

An der Spanischen Treppe türmen sich die Menschen beinahe über-einander, so voll ist es hier. Vom berühmten Brunnen bis hinauf zur Kirche sitzen ganze Schulklassen mit Pausenbrot und Stadtplan auf den Stufen und lachen und trinken und blinzeln in die Sonne. Alfred geht ein paar Stufen hinauf. Dann trabt er wieder herunter. Seine helle Schiebermütze hat er fest in sein Gesicht gezogen. Er setzt sich an die Fontana della Bocaccia und blickt auf das Plätschern des Wassers. Gegenüber steht ein uraltes Ehepaar. Der Mann hat die wenigen Haare, die ihm noch bleiben, elegant über die Glatze ge-legt. Er trägt einen zweireihigen Nadelstreifenan-zug und ein Monokel im linken Auge. Seine Frau hat sich bei ihm eingehakt und trägt Sonnenbrille und rosa Lippenstift und ist eine echte Dame. Noch ist es warm am Tag, die Temperaturen kratzen an der Fünfundzwanziggradmarke. Asiatische und afrikanische Würdenträger überqueren schwarz gekleidet die Piazza. Alfred trägt einen hellen Som-meranzug und ein Manschettenhemd und studiert mit größter Akribie seinen Stadtführer. Von ihm unbemerkt hat sich eine blonde deutsche Touristin neben Bio an den Brunnen gesetzt und macht ein Fotografiergesicht. Auf der anderen Seite des Brun-nens steht ihr Mann mit Digitalkamera und schießt Erinnerungsfotos von seiner Frau neben der hei-mischen Prominenz. Bio selbst bekommt davon

nichts mit, so vertieft ist er in seine Lektüre. Dann fasst er einen Plan: Zur Fontana di Trevi wolle er. Und sich in der Stadt gern etwas umsehen. An terrakottafarbenen Häusern geht es vorbei, hier ein Moped, dort zwei Polizisten in eleganter Uniform. Ein Kutscher zieht vorbei mit grauem Zylinder und Touristen hinten drauf. Alfred lacht. Die Pferde schnaufen.

Wie in einem Delfinarium drängen sich die Menschen um die Fontana di Trevi. Es gibt Popcorn und allerlei Souvenirs. Die Besucher kramen in ihren Portemonnaies auf der Suche nach kleinen Münzen, um diese mit der linken Hand über die rechte Schulter in den Brunnen zu werfen. »Das bringt Glück«, sagt Alfred, der in seinen Stadtplan vergraben das Großeganze zu verstehen versucht. Ein Pope mit einem gewaltigen grauen Bart wühlt sich aus der Menge heraus, eilt herbei und bietet seine Hilfe an: Hallo, Herr Biolek, sagt er auf Deutsch. Und dass er sich über diese unerwartete Begegnung sehr freue, das fügt er noch an. Alfred ist für die Hilfe des Bischofs dankbar und interessiert sich auch gleich für dessen Deutschkenntnisse. Dass er in Deutschland einige Jahre gelebt habe, sagt der Pope, und dass er sehr gerne Alfredissimo geschaut und dabei sein Deutsch verbessert habe. Der Bischof zeigt Alfred dann auf der Karte verschiedene Plätze und Straßen und fragt, ob er ihm, Alfred, denn auch ein Restaurant empfehlen dürfe. »In die-

sen Sachen kenne ich mich aus«, erklärt der freundliche Mann und streicht sich mit großer Geste über seinen gemütlichen Bauch. Das Restaurant Pollarola sei ein absoluter Geheimtipp, dort solle man doch unbedingt zu Mittag essen, wenn man denn etwas Zeit habe. Dann klärt der Bischof noch auf, das er zuständig sei für die Kirche hier an der Piazza Trevi. Diese sei ursprünglich zwar eine römisch-katholische Kirche, sagt er, aber seit 2002 habe man sie den Bulgarisch-Orthodoxen überlassen. Alfred ist beeindruckt und bedankt sich für den Tipp und für die Hilfe, und der Bischof winkt noch freundlich hinterher. »So«, sagt Alfred dann, »jetzt muss ich noch was in den Brunnen schmeißen.« Er kramt in seiner Hosentasche nach einer Münze. Doch das dauert und dauert und er entscheidet sich schließlich lieber um. »Ich schmeiße doch kein Geld rein, nach dem, was am Flughafen passiert ist.« Die Münze, die er dann doch noch in der Hosentasche auftut, die wirft er einem Straßenkünstler mit Totenmaske in die scheppernde Gelddose. Der falsche Tod macht eine Gruselbewegung in Richtung Biolek als Dank für die Spende und verharrt dann wieder in steinerner Pose.

Mit Rom verbindet Alfred Biolek die Historie. Vor allem die Antike, die ihn immer fasziniert habe, wie er sagt. »Wien, Paris und London – diese drei Städte haben mich geprägt, haben mir Werte vermittelt und mich gelehrt, über den eigenen Tellerrand hinweg zu blicken«, sagt er. »Rom aber war für mich immer die Geschichte.« Und natürlich ist es vor allem auch der Glaube, der den Katholiken Alfred Biolek mit dieser Stadt verbindet. »Meine Eltern waren keine Vorzeigekatholiken, die am Sonntag mal in die Kirche gingen, um gesehen zu werden«, sagt Biolek und schaut dabei mit großen mahnenden Augen durch sein rundes Brillengestell. »Wir gingen auch unter der Woche in die Kirche und haben gebetet und gebeichtet. Erzkatholisch. Ganz streng.« Alfred selbst war in der Gemeinde sehr aktiv, erzählt er noch. Er war in der katholischen Jugend. Er war auch Ministrant, natürlich. Und er leitete aus Überzeugung gemeinsam mit einer Nonne die Pfarrbibliothek in Waiblingen. Das erwarteten die Eltern von ihrem kleinen Fredy. Und Fredy hinterfragte dieses Weltbild auch nicht, wie er heute sagt. An einem Stand mit vielen Postern von Größen der Musikbranche bleibt er stehen. Hier werden Ringe und Armbänder und Landesfahnen verkauft. Ein Kalender ist ihm beim Vorbeigehen aufgefallen mit einem Schwarzweißfoto eines jungen Geistlichen.

Die Jugend des Vatikans ist abgebildet, Monat für Monat, mit braunen Rehaugen und gescheitelten Frisuren. »Die sehen sehr hübsch aus«, bemerkt Alfred trocken, »sehr hübsch!«

Bist du heute noch aktiv in der Kirche?, will ich wissen.

»Nein, gar nicht«, sagt Bio. »Ich war auch seit Ewigkeiten in keinem Gottesdienst mehr.«

Und warum nicht?

»Das hat jedenfalls nichts mit meiner Homosexualität zu tun. Ich habe mich schon in den Sechzigern von der Kirche distanziert. Die Art von Katholizismus, wie ich es erlebt habe, war nach außen weltoffen. Aber nach innen hatte man keinen so guten Kontakt zu Menschen, die nach anderen Regeln lebten. Das passte irgendwann einfach nicht mehr zu meinem Lebensmodell.«

Würdest du dich denn heute noch als gläubigen Katholiken bezeichnen?

»Natürlich«, sagt Alfred beinahe entsetzt und wie aus der Pistole geschossen.

Wir laufen vorbei an sonnigen Hinterhöfen, die Alfred alle inspiziert. Hier wachsen Orangen und Palmen und es sind kleine Inseln der Ruhe in einer überbordenden Stadt. Vor uns dann taucht Il Vittoriano empor, dieser protzige Zuckerbäckerbau in strahlendem Weiß. Groß wollte man hier nochmal sein vor etwa einhundert Jahren, als dieses Bauwerk errichtet wurde. Dem Risorgimento, der Schaffung also der konstitutionellen Monarchie in der Mitte des neunzehnten Jahrhunderts, wollte man ein Denkmal setzen. Auf einer Rasenfläche gegenüber steht eine Gruppe von fünf Polizisten

mit schweren Waffen und Sonnenbrillen und Zigarren im Mund, die sich in martialischer Pose geben. Alfred zeigt auf die steile Treppe neben dem Denkmal, dort sei einer seiner liebsten Plätze in Rom. »Dort bekomme ich immer römische Gefühle«, sagt er. Was denn römische Gefühle seien? »Tja«, antwortet er dann, »schwer zu sagen!« Alfred kriecht langsam die Treppen hinauf zur Empore. Er muss sich etwas abstützen, aber der Blick von hier oben entschädigt die vielen Stufen. In der Ferne ragen vereinzelte Pinienbäume in den Himmel, wie Regenschirme sind sie in die karge Landschaft gesteckt. Ein leichter Wind weht über die Stadt. Der Petersdom. Monte Mario. »Toll«, sagt Alfred, »was einem hier geboten wird.« Hinter dem Denkmal liegt das Forum Romanum und links davon der Campidoglio, Bios Lieblingsplatz. Wir gehen hinüber. In der Mitte des Platzes sitzt in heldischer Pose Marc Aurel auf einem ausschlagenden Ross. Hinter uns, am alten Rathaus, hängt eine Solidaritätsbekundung für Gilad Shalit. Ein Plakat ist das mit dem Gesicht des entführten israelischen Soldaten. »Ach«, sagt Alfred, »wie merkwürdig.«

Nach dem Essen im Ristorante Polarolla, wir folgten der Empfehlung des bulgarisch-orthodoxen Bischofs, stehen wir mit dicken Bäuchen und ziemlich müde vom Rotwein nur wenige Schritte entfernt auf dem Campo dei fiori. Alfred reckt sich in die Sonne. Seine knollige Nase zeigt in den strahlenden Himmel hinein. Der wöchentliche Markt ist gerade vorbei; Pappkartons liegen umher, Tauben picken die Reste vom Boden, die Verkäufer packen auf uralten Dreirädern ihre übrig gebliebenen Waren sorgsam in alte Schachteln, die mit Schnüren zum Abtransport präpariert werden. Die Häuser, die den Platz säumen, liegen ruhig da, unberührt in ihrer Schönheit mit den vielen prachtvollen Terrassen. Alfred nimmt Platz in einem Café, bestellt ein Wasser und beobachtet das Treiben. Am Brunnen lehnen drei Männer mit einem großen Kontrabass und schauen den vorbeiziehenden Damen hinterher. Am Nachbartisch löffelt ein kleiner Junge beherzt mit viel roter Soße um den Mund seine Spaghetti aus dem Teller. Die drei Männer am Brunnen machen sich derweil bereit, sortieren ihre Instrumente. Und dann geht's los: Der Kontrabass wird ordentlich gedreht, der Gitarrist zeigt sein zahnloses Lachen und ein Dritter bläst mit dicken Backen in sein Saxofon – Jazz und Bossa Nova ist das vom Allerfeinsten. Alfred wippt rhythmisch auf und ab und schmeißt seine letzten Münzen in den offenen Musikkoffer hinein. »Das

haben die sich verdient«, sagt er glücklich und beobachtet die am Himmel vorbeiziehenden Bilderbuchwolken. Nur ein paar hartnäckige Fliegen stören die römische Idylle.

Es ist bereits Abend, als wir die Spanische Treppe wieder erreichen. Gleich rechts, oberhalb der Treppe, neben der Kirche, dort sind wir eingeladen. Biolek hat Bekannte auf der ganzen Welt. Und natürlich hat er auch Bekannte hier in Rom. Ileana Florescu heißt die Dame, die ihre Wurzeln in Rumänien hat und die ein großzügiges Dachgeschoss bewohnt mit Terrasse und einem atemberaubenden Blick über die Stadt. Ein gemeinsamer Freund hat die beiden vor Jahren schon miteinander bekannt gemacht. Alfred hat damals für die Runde gekocht – natürlich! –, und die beiden fanden sich sofort sympathisch. Mit einer großen Umarmung begrüßt Ileana den Gast aus Deutschland. Alfred, sagt sie, it´s so nice to

see you again. Und Alfred ist sichtlich gerührt. Ileana hat nämlich die römische Kunst und Kulturszene zu diesem Abend eingeladen. Alfred zu Ehren, wie sie mit ihrer herzlichen Art betont. Auf dem Wohnzimmertisch liegt ein schwerer Band: »The Symphony in Beethoven´s Vienna«. Interessant, sagt Alfred, und Ileana betont, dass sie klassische Musik über alle Maßen liebe. Ihr Ehemann, ein römischer Großgastronom, begrüßt die Runde und nimmt Platz. Ein Kellner mit weißem Jackett und goldenen Knöpfen reicht Wein und Gebäck und nach und nach kommen die übrigen Gäste hinzu. Eine exklusive Runde ist das. Maler sind dabei und Galeristen, ein Schauspieler und ein sehr hagerer Historiker, der sich für die fremden Besucher ganz besonders interessiert. Woher genau aus Deutschland Alfred denn komme, will er wissen. Er nämlich sei Schlesier. Ein viertel Schlesier, sagt er, aber immerhin. Mit Deutsch jedoch könne er leider nicht dienen. Jaja, sagt er dann, und: Nein-nein. Das sei es dann aber auch schon mit seinen Sprachkenntnissen. Aber für die deutsche Geschichte habe er sich immer sehr interessiert. Der Historiker ist ein einnehmender Typ mit einer runden Hornbrille auf der spitzen Nase und mit einem braunen Tweedjackett, was Alfred positiv auffällt. Seine Mutter, sagt der Historiker dann noch, die stamme aus Chile. Und dass sein Spanisch weitaus besser sei als sein Deutsch. Dann lacht er, sodass es jeder hört, und seine dünnen weißen Haare auf dem Kopf stellen sich auf in alle Himmelsrichtungen.

Es gibt ein kaltes Buffet mit frischem Fisch und frischem Salat. Champagner gibt es auch und Longdrinks. Alfred bleibt beim Wein.

Ein sehr blondes Galeristenpaar macht sich über die Langusten her. Zu späterer Stunde dann schon, da setzt sich neben Alfred eine braungebrannte Gesellschaftsdame in schwarzem Abendkleid. Ein großes Dekolleté legt eine funkelnde Halskette frei. Alfred schaut aus dem Fenster. Die Dame ist die Direktorin der weltberühmten Villa Borghese und berichtet euphorisch von ihrem aktuellen Coup. Sie habe, so sagt sie, zum ersten Mal überhaupt Francis Bacon und Caravaggio in einer großen Ausstellung zusammengebracht. Und Alfred müsse sich das unbedingt anschauen. Berlin sei nichts dagegen, sagt sie triumphierend. Und die Umherstehenden pflichten ihr bei. Sie würde Alfred für morgen auf die Gästeliste schreiben. Und Alfred nickt schon etwas müde und sagt, dass das Buffet doch ein absolutes Topp sei: »Very good, I can recommend everything.« Ein paar Meter weiter rügt Ileana ihren Mann, er würde sich nicht gut

um seine Gäste kümmern, sondern die ganze Zeit nur essen und trinken. Eine Dame aus dem hohen Norden Italiens beschwert sich in kleinem Kreise über die Römer. Neun, zehn, elf, sagt sie: egal. Römer seien immer zu spät und hätten einfach kein Verhältnis zur Zeit. Alfred hat sich derweil mit der braungebrannten Direktorin verquatscht. Durch den Raum dringen Bios Wortfetzen, die nach Fantastic klingen und nach Wonderful. Er macht sein Alfred-Biolek-Gesicht, das auch bei Leuten wirkt, die ihn nicht vom Fernsehen her kennen, das wird jetzt klar. Um Mitternacht aber ist dann Schluss für Alfred. Er ist müde vom Reden und Trinken und sagt zu seiner Freundin Ileana, dass er solche Abende einfach liebe und dass die vielen verschiedenen Abende auf seinen Reisen auch ein Spiegel seines Lebens darstellten. Ileana ringt Alfred dann noch die Zusage ab, er solle sich morgen mit ihr die Fotoausstellung ansehen, die sie gerade habe. Sonst könne sie ihn einfach nicht gehen lassen. Und Alfred sagt natürlich zu.

Der nächste Morgen beginnt mit einem frischen Cappuccino in einem echten römischen Café. Über die Morgenfrische hat sich ein dunstiger Schleier gelegt, der für diese Jahreszeit typisch ist für Rom. Dann geht es mit dem Mini Cooper von Ileana vorbei an der Piazza del Popolo zur Academia Romana. Dort hat sie ihre Ausstellung in einem schwimmbadähnlichen Gewölbe untergebracht, das zum Institut gehört. Bücher hat sie ins Wasser getaucht und abfotografiert. Bücher etwa über die Zerstörung der Architektur des alten Bukarest unter Ceausescu. Das sei als Synonym für Unrecht und Zerstörung zu verstehen, sagt Ileana. Biolek findet das alles sehr eindrucksvoll. Das Gebäude der Academia ist alt und zerfallen. Rumänien, sagt der Leiter des Hauses, habe einfach kein Geld für eine Restaurierung. Auf einer Ehrentafel prangt einer der Stifter der Academia Romana: Benito Mussolini, ausgerechnet. Eine uralte und prächtige Bibliothek wird uns gezeigt. Jahrhundertealtes Wissen steht hier eng an eng in den Regalen. Ein Stück Europa, meint Alfred. Ein Stück Heimat, meint Ileana. Im Innenhof umgibt das Gebäude ein Klostergang, ein schöner Garten mit Schatten spendenden Bäumen und Palmen in der Mitte. Ileana klagt über das Kunstverständnis der Römer; dass das alles ja doch ziemlich zurückgeblieben sei im Vergleich zu anderen europäischen Städten. Rom, sagt sie, Rom sei eigentlich im Mittelalter stehengeblieben. Die vielen großen Kunstwerke, die Bauten, das alles sei natürlich unheimlich interessant und wertvoll. »Rom, das ist ein einziges Museum. Aber Neues entsteht hier schon lange nicht mehr.« Die Luft im Vale Giulia, wie das Viertel hier heißt, ist durchtränkt vom Geruch der wild wachsenden Minze. Die Kulturinstitute vieler Länder sind hier beheimatet. Prachtvolle Gartenanlagen zieren die Villen. Ileana fährt uns zur Villa Borghese herüber, die Ausstellung »Bacon und Caravaggio« wartet noch auf uns. Es wird gehupt und ordentlich geschimpft auf der Fahrt dorthin, das gehört sich so für einen echten Römer im Straßenverkehr.

Das eiserne Tor zum berühmten Park ist offen. Der Duft von Rosmarin schlägt dem Besucher entgegen. Alfred greift durch den

Zaun und kneift sich einen Halm ab, reibt seine Hände daran und nimmt einen ordentlichen Atemzug. »Wie das riecht?!«, sagt er genießerisch und schnüffelt noch ein bisschen weiter.

Die Galleria mit der Bacon-Caravaggio-Ausstellung hat noch geschlossen. Wohl zu früh, meint Alfred. Und: »Macht nichts, ich reiße mich nicht drum!« Mit nach hinten verschränkten Händen schreitet er dann die Parkanlage ab, schaut sich die alten Stallungen der ehemaligen Sommerresidenz der borghesischen Fürsten an. Auf den massiven Steinbänken sitzen Menschen und lesen. Fünf Quadratkilometer soll die gesamte Anlage groß sein. Am anderen Ende ist Alfred doch etwas erschöpft vom vielen Herumgehen und winkt sich ein vorbeifahrendes Taxi heran. »To Trastevere«, gibt er dem Fahrer durch, und dieser braust mit voller Geschwindigkeit

den Viale Bruno Buozzi herunter, den Tiber überquerend, Richtung Petersdom. Dann taucht das nostalgische Rom vor uns auf: Trastevere.

Trastevere, sagt Alfred, das sei das Viertel der Arbeiter, der Ausländer, der Randgruppen gewesen. Und noch heute lebten hier viele arme Leute. »Ein Viertel mit richtig viel Charme und Leben«, nennt es Alfred. Die Gassen verschlucken regelrecht ihre Besucher, so eng sind sie und dunkel. Aus den Fenstern hängt Wäsche zum Trocknen an Leinen, und Geranien in braunen Blumentöpfen zieren die

Balkone. Ein Getränkelieferant braust mit klirrenden Flaschen an uns vorbei. Ein Hund bellt ihm empört hinterher. Die meisten Restaurants und Bars öffnen hier erst zum Abend hin. Die Piazza Santa Maria di Trastevere ist bereits gut besucht. Touristen sitzen in den Cafés und schlürfen ihre überteuerten Getränke. Einen Kaffee hätte Alfred jetzt auch gerne, aber die hohen Preise, die sieht er einfach nicht ein. Ein paar Schritte weiter nur, etwas abseits von der beliebten Piazza, entdeckt Alfred eine kleine Bar. Vor dem Eingang hat der Wirt schäbige Tische aufgestellt und alte Holzstühle, ein Student mit Strickpulli und Rastazöpfen wälzt ein dickes Buch.

In einer Ecke riecht es verdächtig nach Marihuana. Über der Eingangstür hängt ein kaum entzifferbares Schild: »Bar S. Calisto« ist mit Mühe darauf zu lesen. Alfred nimmt Platz. »Toll«, sagt er, »wahnsinnige Gestalten hier.« Mit einem Macchiato in der Hand beobachtet er die Menschen. Neben uns sitzt eine Dame im Rollstuhl, ein Mann mit Glatze raucht zwei Zigaretten gleichzeitig. »Interessant«, sagt Alfred, »kaputte Typen hier!« Hinter uns raschelt dann plötzlich der hohe Bambusbusch. Ein großer Mann mit dickem Bauch und einer großen Kette um den Hals nimmt Alfred ins Visier. »Hallo«, sagt er überfallartig auf Deutsch und nennt seinen Namen, den Alfred auf die Schnelle nicht versteht. »Ich habe Sie hier gesehen«, sagt der Mann durch seinen weißen Bart hindurch. »Ich wohne hier, und da wollte ich nur kurz Hallo sagen.« Und dann ist er auch schon wieder weg, im Busch verschwunden. Bio schaut sich um. »Wer war das?«, will er wissen. »Irgendwie kam der mir bekannt vor!« Alfred blickt umher. Und da, der Mann geht die Straße vor uns entlang, schaut nochmal zu Alfred und verschwindet in der Bar. Alfred ist nun neugierig und geht hinterher. Nach einer Weile kommen beide Männer gemeinsam heraus und Alfred sagt, dass das der Peter Berling sei, den er aber einfach nicht erkannt habe. Berling, das ist einer der alten Fassbinder-Schauspieler. In Filmen von Werner Herzog hat er mitgewirkt und bei Visconti. Heute ist er hauptsächlich als Autor historischer Romane tätig. Dann empfiehlt Berling, der seit über vierzig Jahren hier in Trastevere lebt, noch ein Lokal gleich um die Ecke und ist verschwunden. »Verrückt«, nennt Alfred diese Begegnung. »Aber so war mein ganzes Leben!«

Bis zur empfohlenen Osteria am Teatro Belli sind es dann keine zwei Minuten. Auf der Außenterrasse sitzt kein Mensch. Es ist schattig hier und nicht besonders warm. Nur Peter Berling ruht gemütlich mit einem Zigarillo im Mund und einem Espresso vor sich an einem gedeckten Tisch und winkt uns zu sich, als hätte er nur darauf gewartet. Den Fisch sollten wir hier unbedingt probieren. Und einen speziellen Rotwein. Alfred ist damit natürlich sehr einverstanden und erzählt Berling von seiner Beziehung zu Rom. Dass die Antike ihn schon immer gereizt habe. Und dieses besondere Lebensgefühl der Römer, das natürlich auch. Die italienische Küche, selbstverständlich, die ihn in seinem Kochen wohl am stärksten beeinflusst habe. Aber vor allem sei es doch die Nähe zum Vatikan gewesen, warum diese Stadt für ihn einen solchen Stellenwert im Leben einnimmt. Heute, am Nachmittag, da treffe er sich mit Georg Gänswein. »Ein Highlight«, sagt Alfred nicht ohne Stolz, »ein Gespräch mit dem Sekretär des Papstes. Auch für mich, der ja schon so viele berühmte Menschen kennenlernen durfte, ein großes Erlebnis.« Von einem Bekannten aus München habe er vor Jahren mal erfahren, dass Ratzinger und Gänswein gerne zusammen vor dem Fernseher gesessen haben, damals, zu Boulevard-Bio-Zeiten, und sein Programm geschaut hätten. »Ob das wirklich stimmt, das weiß ich natürlich nicht.« Dann erzählt er von seinen vielen Sendungen, von Marcia Haydée, die in Bios Bahnhof mit

dem WDR-Orchester aufgetreten sei zu der Musik von Strauss. »Richard natürlich, nicht Johann!« Das sei schon immer sein Ding gewesen: die Kontraste. »Das Abgehobenste der Klassik war das. Und davor die Fireboys, in derselben Sendung. Wo gibt's das heute noch?!« Und dann will Alfred von Berling wissen, was denn eigentlich ein typischer Römer sei. Und das mit der Kultur, das wolle er auch wissen. Peter Berling fingert an seinem Zigarillo herum, heruntergefallene Asche liegt auf seinem runden Bauch wie auf einem Teller. Der Römer, schimpft er dann, der sei ungebildet und

vulgär und die Kultur sei drittklassig. Die Kultur sei verstaatlicht worden, und dadurch, dass die größten Kunstwerke der letzten Jahrhunderte hier entstanden seien, ruhe sich der Betrieb wohl auf diesen Lorbeeren einfach aus. Hier jedoch, in Trastevere, hier fühle sich keiner als Römer. Hier sei man Trasteverianer. Und man lebe hier sehr stressfrei. Man könne hier gut ignorieren: die Regeln, den Staat. »Dinge erledigen sich hier anders«, sagt Berling, ohne genau zu verraten, was er damit eigentlich meint.

Dann klingelt das Telefon. Georg Gänswein ist dran. Er bedaure,

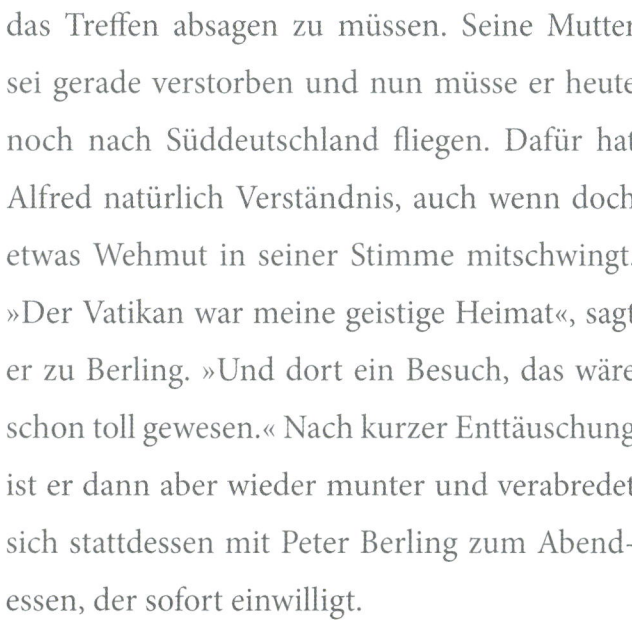

das Treffen absagen zu müssen. Seine Mutter sei gerade verstorben und nun müsse er heute noch nach Süddeutschland fliegen. Dafür hat Alfred natürlich Verständnis, auch wenn doch etwas Wehmut in seiner Stimme mitschwingt. »Der Vatikan war meine geistige Heimat«, sagt er zu Berling. »Und dort ein Besuch, das wäre schon toll gewesen.« Nach kurzer Enttäuschung ist er dann aber wieder munter und verabredet sich stattdessen mit Peter Berling zum Abendessen, der sofort einwilligt.

Der Tag vergeht wie im Fluge. Alfred schreibt Postkarten. Wie immer. Und er macht seine Korrespondenzen, die ihm sein Büro aus Köln ins Hotel gefaxt hat. Er sitzt im Café und trinkt Macchiato und liest seine Süddeutsche Zeitung.

Dann wird es Abend und wir fahren mit dem Taxi erneut nach Trastevere. Das Viertel ist in ein schummrig gelbes Licht getaucht. Es sieht nun anders aus als noch am Morgen. Die Straßen sind voll mit Menschen. Einige wenige sitzen trotz der späten Kälte noch draußen. Ein zahnloser Mann hat mitten auf der Straße einen Freiluftflohmarkt eröffnet. Zwei alte Stühle verkauft er und eine Blechkanne, das war´s. Daneben werden antiquarische Bücher verkauft. »Lustig«, sagt Alfred und zeigt auf ein Buch mit schwarzem Umschlag, »eine Biografie von Hitler!« Daneben eine weitere von Mussolini und ein Gregory-Peck-Foto mit Audrey Hepburn zusammen in Rom. Wir kommen an einem verlassenen Krankenhaus vorbei. Offene Fenster lassen einen Blick ins Innere zu. In der »S. Calisto«-Bar möchte Alfred schnell noch einen Spritz trinken. Aperol mit Weißwein und Wasser. Aus Venedig kenne er das, sagt Alfred. Und irgendwie passe das gut in diese Bar. »Wer mich kennt«, sagt er, »der weiß, dass ich solche Lokale liebe!«

Peter Berling treffen wir dann vor dem Eingang zum Restaurant am Teatro Belli. »Il Professore« nennen sie Berling hier und so wird er drinnen dann auch begrüßt. Das Lokal riecht nach frischer Pasta und nach frischem Trüffel und Berling sagt, dass hier das gesamte Finanzministerium zum Essen komme. Bis hoch zum Minister. Und wenn man hier als Gast kurzfristig einen Tisch bekomme, dann gehört man zur Familia. Alfred lacht laut auf und Berling schaut sich um. Die Pasta ist tatsächlich ausgezeichnet hier. Die Restaurantbesucher an diesem Abend sind ausschließlich Römer. Ein Geheimtipp sei das, so Berling. Immer wenn ihn sein Freund Mario Adorf hier besuchen komme, dann kämen sie hierher.

Die letzten Tropfen Wein werden auf die Gläser verteilt. Alfred bekommt zum Nachtisch ein Panna Cotta mit Waldfrüchten. Auf dem Rückweg dann zum Hotel ist Bio sehr zufrieden mit seinem Besuch in Rom und mit Peter Berling und mit dem Verlauf des Abends auch. »Rom ist schon etwas ganz Besonderes«, sagt Alfred. »Mehr kann man vom Leben eigentlich nicht erwarten.«

# Lissabon/Porto

Unter uns brennt sich der Sommer noch immer heiß und schwer ins Land hinein. Von hier oben aus ist das gut zu sehen. Wüsten-ähnlich zieht die Extremadura unter uns vorbei, dann die portugiesische Cordillere, Windräder und Straßen wie kleine Äderchen ziehen sich durch das Gebirge. Am Himmel steht keine Wolke. Alfred Biolek sitzt im Flugzeug neben einer Gruppe dicker Männer mit viel Haar und lauten portugiesischen Stimmen. Es ist ein herrlicher Kontrast. Bio hat seinen Sommeranzug an, Leinen, der Wetterbericht war eindeutig, 25 Grad und mehr. Ganz in Weiß und halb hinter seiner Süddeutschen versteckt, beobachtet er das Treiben der freundlichen Portugiesen. Die Landung kurze Zeit drauf ist sanft und weich, und die dicken Männer spenden dafür ordentlich Applaus. Alfred stellt seine Uhr um, wie in England geht auch in Portugal die Zeit eine Stunde zurück.

Die Straßen sind menschenleer. Ein Sonntag in Porto ist also genauso langweilig wie in jeder mittelgroßen deutschen Stadt auch. Nur die Kulisse ist schöner, findet Alfred, der mit vorgeschobenem Kinn und nach hinten verschränkten Armen die Straßen abgeht. Alte, zum Teil auch schon verfallene Hausfassaden im Kolonialstil, die Wände mit den landestypischen blauen und grünen Kacheln verziert. Wäscheleinen spannen sich zu Hunderten vor den Fenstern, an denen Bettwäsche und Laken und allerlei Kleidung zum Trocknen hängen. Wir gehen am alten Teatro der Stadt vorbei, die Fassade bröckelt gewaltig, als hätte jemand das Haus einmal kräftig durchgeschüttelt. Alfred ist entzückt: »Alles wie eh und je. Wo gibt es das so noch in Europa?« Drei Mal war Alfred in Porto zu Besuch. Erst spät hat er dieses kleine Land am äußersten Zipfel der Iberischen Halbinsel für sich entdeckt. Zunächst die nördliche Hafenstadt am Rio Douro, später dann auch Lissabon. Hier in Porto, so sagt er, habe er etwas für sich entdeckt, das er längst verloren glaubte. Ein vom Krieg unversehrtes Stück Europa. Er habe sich gerade auch in Porto sofort heimisch gefühlt. »Ich kann gar nicht genau sagen, warum. Aber dieses Land, die Menschen, das alles habe ich sofort geliebt.«

An einem neueren Gebäude bleibt Alfred plötzlich stehen. Ein Revue-Palast. Draußen hängen Fotos der Show mit Transvestiten in Federkostümen. Lange betrachtet Biolek die Bilder, geht von Schaukasten zu Schaukasten »Dass es so etwas hier in Porto gibt«, stellt Alfred zufrieden fest, »das ist doch toll. Und das in einer so traditionsbewussten Stadt.« Wir gehen die Avenida dos Aliados hinunter. Hinter uns das Rathaus, vor uns, etwas die Straße hinunter, da liegt der nostalgische Bahnhof der Stadt. »São Bento« heißt der Bahnhof an der Praça de Almeida Garrett. An das Kloster São Bento, das hier früher stand, erinnert heute nur noch der Name des Heiligen. Alfred betritt die große Halle des Bahnhofs, sagt ja, daran könne er sich noch gut erinnern. Ganz berühmt. An den Wänden kleben meterhohe Fliesenbilder, die berühmten portugiesischen Azulejos, deren Tradition bis in maurische Zeiten zurückreicht. Die Motive zeigen Könige und Krieger, Eroberungsschlachten und Hochzeiten. Bio ist sichtlich beeindruckt. »Das ist doch erstaunlich, was die da mit ein bisschen blauer Farbe auf einfachen Kacheln hingezaubert haben!«

Wir schlängeln uns durch schiefe Gassen weiter in Richtung Douro, dem alles bestimmenden Fluss dieser Region und dem Herzstück der Stadt. Häuser stehen hier auf kleinstem Raum, die prachtvolle Rua das Flores, die Straße der Blumen, liegt im Sonnenlicht gebettet

vor uns. Alfred möchte nach links abbiegen, in das ganz alte Porto, wie er sagt. Mit ausgestrecktem Arm und Zeigefinger nach vorn geht er auf die Rua do Santo zu. Das sei eine der schönsten und interessantesten Straßen der Stadt, versichert er. Hier ist es dunkel, fast mythisch mutet die Stimmung an. Vom taghellen Draußen bekommt man hier kaum etwas mit. Die Schatten der eng aneinander stehenden Häuser sind riesig, es riecht nach Urin und nach Abfall. »Ah«, sagt Alfred, »die Nutten!« Damen in kürzesten Röcken und ausladenden Dekolletés stehen in einer Gruppe beisammen und beäugen skeptisch die Besucher aus Alemanha. Ein paar Jugendliche lehnen an hochpolierten Autos, eine sehr alte Frau sitzt vor ihrer Haustür und häkelt an einem weißen Tischdeckchen herum. Hunde bellen. Biolek liebt das. Er liebt es, die Menschen zu beobachten, das Leben, die Kontraste. Kaputt und schön, so nennt es Alfred. »Wie aus einer anderen Zeit!« An der Rua dos Mercadores

erklingt eine portugiesische Schnulze um die Hausecke. Lachende Männerstimmen. Gläserklirren. Alfred geht dem nach. Aus einer winzigen Bar dringt die Musik, die Fassade ist aus Holz und liebevoll bemalt, eine Diskokugel wirft ihre bunten Lichtkegel durch den Kettenvorhang auf die Straße. An der Tür empfängt den Besucher eine Plastikblume. Biolek stürzt hinein. »Jetzt erstmal einen Portwein zum Einstimmen!« Das Lokal ist noch kleiner als vermutet. An einem Tresen stehen ein paar Männer, Bier in der Hand. Zwei Damen räkeln sich auf plüschigen Sofas. Es ist später Nachmittag, und ein bisschen sieht es hier aus wie in einem Puff. Keinen Wimpernschlag später hat Alfred bereits Bekanntschaft geschlossen mit einer Dame, die sich am Tresen zu einem Portwein einladen lässt. Alfred prostet ihr zu. Und kaum hat er den ersten Schluck im Mund verschwinden lassen, da bitten auch die anderen den freundlichen Unbekannten mit der kreisrunden Brille um einen Drink. Selbst die Bedienung will sich nun einladen lassen, was Alfred aber schließlich zu bunt wird. Obrigado, sagt er auf Portugiesisch, besten Dank. Hastig kippt er noch den restlichen Wein herunter, dann nimmt er Reißaus. Wir gehen zum Fluss.

Ruhig treiben alte Rebelo-Boote auf dem Douro, auf dieser Seite Porto, auf der anderen Seite Vila Nova de Gaia. Die Nachmittagssonne geht bereits unter und legt das Flussbett in dieses für diese Stadt so typische Licht, diesig und lilarot. Zwei Möwen stehen in der Luft und Alfred kauft sich geröstete Maronen. Man riecht das nahe Meer. Den Fisch. Das Salz. An einem Café am Ufer des

Flusses setzen wir uns, der Fußmarsch war anstrengend, ein ständiges Auf und Ab in einer völlig schiefen Stadt. Gegenüber, in Gaia, da prangen die berühmten Schilder der Portweinproduzenten: Calem, Sandmann, Barros, Ferreira. Alfred nippt an seinem Galão, dem portugiesischen Milchkaffee, und ist glücklich. »Ich bin ein nostalgischer Mensch«, sagt er dann. »Und hier lebt die Nostalgie auf. Eine positive Nostalgie.«

Du blickst gerne zurück?, will ich wissen.

»Ja, gerne«, sagt Alfred. »Auf die Karriere, auf meine Reisen mit meinem Freund Fritz Gruber und seiner Frau Renate. Das liegt auch sehr am Älterwerden. Das war früher anders.«

Ein paar Meter entfernt quält sich tapfer eine alte Dame die Steinstufen hinauf. Mühsam scheint es für sie zu sein, schmerzhaft. Alfred beobachtet sie genau. »Das ist ja unglaublich«, entfährt es ihm. »Wie alt mag die Oma sein? Neunzig?«

Du hast mal gesagt, du würdest gerne Neunzig werden!

»Ja, älter nicht so gern. Aber so wie die alte Dame dort, das würde ich nicht wollen.«

Hast du Angst vor dem Alter?

»Nein. Aber ich würde gerne so sterben wie meine Eltern. Beide haben morgens noch gefrühstückt und waren nachmittags tot.«

Heißt das, dass du Angst hast vor dem Leiden?

»Ja.«

Und was würdest du dagegen tun?

»Das weiß ich heute nicht!«


Am Ufer des Douro flanieren viele Menschen der nahenden Dämmerung entgegen. Eis essende Kinder laufen umher, ein paar Touristen machen Fotos. Hier kann man leicht in das alte Porto zurückdenken, 50, 100 Jahre vielleicht. Man würde Bootsbauern hier begegnen, Segelflickern und Korbflechtern. Die Stadt hat sich gewandelt in den letzten 30 Jahren. Und trotzdem spürt man hier zwischen schweren Tauen und Pollern und alten Stadtmauern die Tradition, die dieses Fleckchen Erde so lange hier bestimmt hat. Alfred Biolek bestellt die Rechnung. Heute Abend ist das Treffen mit seinem Freund, mit Dirk Niepoort, dem berühmten Weinproduzenten. Zuvor aber möchte er noch ins Hotel, sich frisch machen.


Ein schrottiges Taxi, ein Uralt-Mercedes, bringt uns dann am Abend aus der City. Die Autobahn nach Braga geht es entlang bis nach Arrosa, einem Viertel am Stadtrand. Unser Fahrer interessiert sich für Deutschland. Gastarbeiter sei er dort gewesen, im Ruhrpott. Am meisten hätte ihn beeindruckt, dass die Deutschen so viel Bier trinken könnten. »Ja«, sagt Alfred, »sehr viel Bier!« Und macht dabei eine abgeklärte Handbewegung. Auch Schnaps würde man in Deutschland gerne trinken, meint der Taxifahrer hinzufügend. »Jaaa«, sagt Alfred, »Schnaps und Bier, Schnaps und Bier«, und wippt dabei im Rhythmus seiner Worte vor und zurück. Der Fahrer lacht und ist zufrieden mit dem Gespräch. Auch Alfred ist einverstanden mit dem ehemaligen Gastarbeiter aus dem Ruhrpott und blickt auf die vorbeiziehenden Lichter der Straßenlaternen.

Das Haus des Weinproduzenten Niepoort hätte man sich irgendwie größer vorgestellt. Immerhin ist Dirk Niepoort ein weltbekannter Weinexporteur mit exzellentem Ruf. Ein Einfamilienhaus ist das, im besten Fall eine kleine Villa, bewachsen von unten bis oben mit allerlei Grünzeug. Niepoort selbst sieht aus wie ein alternativer Biologielehrer der Mittelstufe eines deutschen Gymnasiums. In Shorts und ausgeleiertem T-Shirt steht er da und begrüßt Alfred mit einer innigen Umarmung. Alfreds Weinhändler aus Köln hatte die beiden vor 15 Jahren mal zusammengebracht. Alfred, sagte er, den musst du mal kennenlernen. Ein toller Typ sei das, und das kann Alfred heute nur bestätigen. Dirk Niepoort blinzelt freundlich durch seine kleine Brille und die beachtliche Haarpracht zeigt in alle Himmelsrichtungen.

Das Unternehmen Niepoort zählt eher zu den kleinen Produzenten. Der zweitkleinste Weinproduzent sei er in Porto, so Nie-

poort. Seit nunmehr 167 Jahren betreibt Familie Niepoort schon die Portweinproduktion. Dirk Niepoort ist bereits in fünfter Generation für das Familienerbe verantwortlich. Seine Mutter ist eine Deutsche aus Wuppertal. Sein Vater hat niederländische Vorfahren. Niepoort selbst ist in Porto geboren, besitzt aber den deutschen und den niederländischen Pass. Das hat in der Familie Tradition. Für den Abend hat er eine Platte der Rolling Stones aufgelegt. Aus der Küche duftet es bereits nach frischem Fisch. Die Terrasse ist wild bewachsen, riesige Palmen und Orangenbäume stehen herum. Wir nehmen Platz an einem großen Holztisch im Außenbereich. Auf dem Tisch steht eine Schüssel mit einem für die Region typischen Snack. Es kostet einiges an Überwindung, bis Alfred sich da ranwagt. Meerestiere sind das, schwarz und wurmartig liegen sie da in der Schale und könnten auch geröstete Hühnerkrallen sein. Eine Delikatesse für die Portuenser. Perceves heißt diese Muschelart, die an der Steilküste am Brandungsbereich beheimatet ist und die nicht selten unter erheblichem Risiko geerntet wird.

Es gibt Wein, erst einen Vinho Verde, den typischen und etwas säuerlichen grünen Wein der Region. Später dann roten. Alfred sagt, dass deutscher Rotwein nicht schlecht sei, aber einfach keinen Spaß mache. Ganz im Gegensatz zum portugiesischen. Und Niepoort erzählt uns von seiner Kindheit hier in der Stadt, die in seinen Augen ein wahrer Schatz für Architekten sei und für Winzer. Ein verlorener Schatz jedoch, stehengeblieben. Alfred will wissen, ob es ab 100 Euro tatsächlich noch eine Qualitätssteigerung im Wein geben könne. Und Niepoort sagt, dass Preise ab 100 Euro nicht zu rechtfertigen seien. In diesen Höhen würde man Etiketten trinken. »Allerdings bin auch ich ein Etikettentrinker«, sagt Niepoort, über den der renommierte »Wine Spectator« immerhin schrieb, dass die Firma Niepoort für den Wein das sei, was die Firma Krug für die Welt des Champagner ist. Nichts weniger also als ein Ritterschlag. Weinprofi Niepoort steht mit Badelatschen am Grill und brät den Fisch. Dorade mit Meersalz und Gemüse, er mag es bodenständig. Alfred auch. Von draußen kann man in das beleuchtete Wohnzimmer schauen: Ein Flügel steht im Raum, ein kaputtes Sofa, das seine besten Jahre bereits hinter sich hat. An den Wänden hängt Kunst. Die eine oder andere Flasche Wein würde dem Abend sicherlich nicht schaden, meint Niepoort und zaubert eine Karaffe hervor, in der dunkelroter, schwerer Portwein ruht. Fünf antike Portwein-gläser aus dem Familienbesitz stellt er auf den Tisch. Alfred soll probieren. »Was meinst du, aus welchem Jahr der stammt?«, fragt Niepoort ihn gespannt. Alfred nippt, es schmeckt ihm, das sieht man. Sehr sogar. Sein ganzes Gesicht ist nun Genuss. »1934«, sagt Niepoort dann. »Dein Geburtsjahr!« Biolek ist schwer beeindruckt. Vom Portwein, natürlich. Und von seinem Freund Dirk Niepoort, der sich diese Überraschung bis zum Schluss quasi aufgespart hat. Und dann gibt es auch noch einen Rotwein gleichen Jahrgangs. Für Alfred ist das wie Geburtstag und Weihnachten gleichzeitig und sein Gesicht verrät Ekstase. Am Ende des Abends dann bittet Nie-poort noch, Alfred möge sich doch gerne in sein Gästebuch ein-tragen. Etwas schwer fällt dem beseelten Alfred Biolek dann doch das Schreiben zu so später Stunde, aber die Zeilen kommen von Herzen: »Lieber Dirk, Du bist Portugal! Ich liebe dieses Land – und ich liebe Deine Familie! Herzlichst, Dein Alfred Biolek.«

Wir haben eine Verabredung im Serralves Museum für Moderne Kunst. Dirk Niepoort hatte uns am Abend spontan eine Führung ermöglicht, obwohl das Museum am Montag geschlossen ist. Sein Freund ist der Direktor, und Alfred wollte sich das Haus gerne an-sehen. Was für ein Luxus also nun alleine im Museum. Viel hatte er davon gehört, es ist das einzige Contemporary Art Museum in Por-tugal. Die Süddeutsche hatte zur Eröffnung einen Artikel gebracht, daran konnte sich Biolek noch erinnern. Ein moderner schlichter Architekturbau ist es geworden, inmitten einer großen Parkanla-

ge aus der Art-Deco-Zeit. Gigantische Fenster lassen viel Licht in die weißen Räume. Bunte Ballons liegen umher, Fließstofffetzen, ein Sandsack baumelt im Raum. »Very impressive«, findet Alfred das alles. Und der stellvertretende Museumsleiter, der uns an diesem Tag herumführt, der findet das auch. Er komme gerade aus Berlin, sagt er. Die Szene, die Kunst, die Menschen – das toppe momentan doch keine andere Stadt. Alfred gefällt´s, er ist Berliner aus Leidenschaft. Gerade junge deutsche Künstler sind hier im Museum stark vertreten. Alfred schaut sich das genau an, einige kennt er sogar. Im Süden, sagt der stellvertretende Leiter dann, da seien Museen nur mit privaten Mitteln finanzierbar. Deutschland, das sei dagegen ja purer Luxus. Davon könne man in Portugal nur träumen. Alfred drängt nun in Richtung Ausgang. Die Anlage selbst ist etwa 12 Hektar groß. Früher sei das ein Privatgelände gewesen, die Art-Deco-Villa von den Eigentümern als Wohnhaus benutzt worden. Unter einer Allee gehen wir hindurch. Es ist noch früh, ein einsamer Gärtner mit Zigarette im Mund bewässert die Pflanzen. Kurz blickt er auf und mustert die Besucher, dann setzt er seine Arbeit fort. Alfred sagt, dass er immer gerne in Parks gegangen sei zum Spazieren. Aber einen eigenen Garten, den habe er nie gehabt. Er sei doch immer mehr der Großstadtmensch gewesen mit Wohnung und so. Die Sonne wärmt bereits ordentlich. Es ist kurz vor zwölf, Alfred muss nun seine Jacke ausziehen. Und als der stellvertretende Museumsdirektor für einen Moment dann weghört, da sagt Bio laut flüsternd, dass ihn das Gebäude und der Park mehr reizten als die Kunst. Er habe einfach keine Lust mehr, sich damit noch so intensiv zu beschäftigen.

Am Ausgang wartet dann auch schon Ingrid Niepoort. Sie ist die Mutter von Dirk und sie wollte sich so gerne noch mit Alfred treffen. Lange hat man sich nicht mehr gesehen. Aber wenn, dann sei das Wiedersehen immer sehr herzlich gewesen, erzählt sie etwas später. Da steht sie also nun, mit rosa Poloshirt und großen goldenen Ohrringen, und lacht mit der Sonne um die Wette. Ingrid Niepoort ist eine richtige Dame mit einer Hornbrille auf der Nase und mit einem bunten Seidentuch um den Hals. Sie war noch nicht einmal 20, da verliebte sie sich in Rolf Niepoort und zog der Liebe hinterher, nach Porto also, was damals, von Deutschland aus betrachtet, so etwas wie das Ende der Welt war. Seither lebt sie nun hier, schon über 50 Jahre jetzt, aber noch immer hat sie diesen mitreißend herzlichen Ruhrpottakzent. Sie möchte uns die Stadt zeigen, dort, wo sonst kein Tourist landet. Mit dem Auto fahren wir am Flussufer entlang, vorbei an Anglern, die an der Promenade stehen und ihre Haken auswerfen. Eine zahnlose alte Dame mit Ziehwagen müht sich einen Abhang hinauf und von Weitem sieht man den Ponte Dom Luis I, die historische Brücke, das Wahrzeichen der Stadt. Wir parken, und Ingrid möchte uns nun gern zum Essen einladen. In ein kleines Restaurant mit Blick auf den Douro soll es gehen, in die Rua de São Nicolau.

Das Restaurant »Adega São Nicolau« nimmt die winzige Gasse ganz für sich ein. Wo es nur irgend geht, da hat man Tische platziert mit schneeweißen Tischdecken drauf. Ein paar Hocker dienen zum Sitzen. Ingrid Niepoort bestellt Vinho Verde für alle und eine Flasche Wasser. Der Kellner bringt Brot und Oliven, und aus dem Fenster zur Gasse hin schaut ein Foto von Fidel Castro den draußen sitzenden Gästen beim Essen über die Schultern. Es gibt Tripas a Moda do Porto, Kutteln. Sardinhas und Bacalhau gibt es auch, dazu Kartoffeln und Zwiebeln und grüne Paprikaschoten. Ingrid Niepoort sagt, dass das hier ein landestypisches Essen sei. Fisch sowieso, viel Fisch. Und natürlich Wein. Zum Nachtisch dann gibt es Orangentorte und portugiesischen Pudding, Flan.

Im Anschluss fahren wir rüber. Rüber nach Vila Nova de Gaia, über die Bogenbrücke, die die beiden Schwesterstädte miteinander verbindet. Wir fahren dorthin also, wo die Seele der Region in kühlen Kellern lagert. Seit 1858 stellt die Familie Niepoort ihren

Portwein her. Das Gebäude ist wohl temperiert. Durch ein paar Schlitze im Holzdach fallen Sonnenstrahlen ein. Von den sommerlichen Temperaturen merkt man hier nichts. Es riecht nach Wein und nach Eichenholz. Und es riecht auch etwas nach Moder hier drinnen. Spinnenweben und Staub haben sich über die Jahre auf die schweren Fässer gelegt, die aufeinandergestapelt die große Halle füllen. Alfred sagt, dass er ein großer Weintrinker sei und dadurch auch erst diese breite Bekanntheit erreicht habe. Vor allem durch seine Kochsendung, durch Alfredissimo. »Ich habe mein Hobby zum Beruf gemacht«, sagt er noch. Und Ingrid erzählt, dass ihr Mann durch den vielen Alkohol, den dieser aus beruflichen Gründen habe trinken müssen, sehr krank geworden sei. Heute könne er sich kaum mehr bewegen, er brauche Pflege. Und sie würde ihn nur noch ungern allein zu Hause lassen. Alfred sagt, dass auch er gerne trinke. »Ich trinke allerdings nur abends«, betont er. »Ganz selten

mal zum Mittag.« Früher habe bei ihm immer gegolten: Im Urlaub darf´s auch mittags mal ein Wein sein. Heute sehe er das allerdings nicht mehr ganz so streng. »Ich muss nicht mehr so diszipliniert leben wie früher. Heute trinke ich auch mal zum Mittagessen einen Wein. Und am Abend trinke ich meine drei, vier Gläser.« Wenn das mal nicht der Fall sei, dann nehme er eben eine Schlaftablette. Das gehe auch. »Aber in meinem Alter«, sagt er, »da ist das dann eigentlich egal.«

Ingrid Niepoort zeigt uns noch die Schätze des Hauses. Es sind dunkle, bauchige Flaschen, die wie Blumenvasen in massiven Holzregalen lagern und die noch der Vater und Großvater ihres Mannes produziert haben. Aber heute habe ihr Sohn Dirk den größten Erfolg mit seinem eigenen Wein, mit »Fabelhaft«.

Dann geht es über den Keller in Richtung Ausgang, durch den Verkostungsraum, wo Tausende Flaschen ohne Etikett sich Schicht um Schicht türmen. »Hier«, sagt Ingrid Niepoort mit einem Freude-

strahlen, »hier haben wir vor der Revolution große Feste gefeiert.«
Und ihr Gesicht verrät, dass diese Zeit emotionale und bewegende
Erinnerungen für sie bereithält. Vor der Nelkenrevolution von
1974 war das, und die Familie Niepoort hatte sich in diesem Keller
ihr Refugium geschaffen vor den Gräueln der Diktatur des Estado
Novo.

Am nächsten Tag dann geht's noch einmal zum legendären Café
Majestic. Am Tag der Anreise war dies geschlossen, und Alfred
wollte gerne dort noch hin, in diese traditionsreichen Räume. In
den Zwanzigerjahren wurden hier politische Reden geschwungen
und Ideale gewälzt. Und noch heute ist das Café in der Rua da Santa Catarina 112 ein Treffpunkt für viele intellektuelle Portuenser.
Alfred nimmt an einem hinteren Tisch Platz, bestellt einen Galão
und eine Tosta Mista, einen Toast mit Käse und Schinken, und stu-

diert die Süddeutsche Zeitung des Tages. Viel Zeit allerdings bleibt nicht, denn schon am Mittag fährt der Zug, der uns von Porto nach Lisboa bringt. Er steht bereits am Bahnsteig. Viele Leute wollen an diesem Tag nach Lissabon oder doch irgendwohin in den Süden reisen. Der Zug setzt sich in Bewegung, und man blickt nochmal auf die schöne alte Stadt hinaus. Der portugiesische National-dichter José Saramago verließ Porto einstmals mit dem Eindruck, diese Stadt sei ein tiefes Geheimnis aus dunklen Straßen und erd-farbenen Häusern, faszinierend wie die Lichter, die am Abend an den Hängen angehen. Und so ist es auch für Alfred Biolek ein biss-chen: das Gefühl, eine faszinie-rend fremde schöne Stadt für sich entdeckt zu haben.

Der »Oriente« von Porto nach Faro rast mit 200 Stundenki-lometern durch die trockene Landschaft hinweg. Die Tempe-raturanzeige weist 23 Grad In-nentemperatur aus, 28 für außen. Neben Alfred hat eine junge Frau Platz genommen und telefoniert ihr gesamtes Telefonbuch durch. Alfred will eigentlich lesen, seine

Zeitungen hat er vor sich bereits ausgebreitet. Doch nun fühlt er sich gestört durch das laute Telefonat. Und das macht er der Frau auch mit lautem Grunzen und Hinundhergerutsche und großem Augenverdrehen deutlich. Das Boardfernsehen zeigt eine portugiesische Kochshow. Auf der ganzen Welt würde mittlerweile im Fernsehen gekocht werden, sagt Alfred amüsiert.

Wir lassen Coimbra hinter uns, die Studentenstadt im Landesinnern, und nach etwa drei Stunden erreichen wir Lisboa.

Erstmal geht es ins Hotel. Eine kleine Erfrischung wird gebraucht. Und Alfred möchte von der Dachterrasse des Hotels Barrio Alto im gleichnamigen Viertel gerne einen Blick werfen auf die leuchtende Hauptstadt. Der Taxifahrer kennt das Hotel und braust mit 80 Stundenkilometern los. Bergauf, bergab geht es. Lissabon ist eine einzige Hügellandschaft. Und Alfred ein totales Nervenbündel. Die rechte Hand klammert am Handgriff des Wagens, die Linke versucht sich am Armaturenbrett abzusichern. Das ist eine explosive Mischung, jene zwischen einem ziemlich schlechten Beifahrer und einem risikofreudigen Autofahrer. »Hoffentlich erwischt ihn die Polizei«, meckert Alfred den Fahrer an. Der Fahrer lächelt freundlich, ohne aber vom Gas zu gehen. Bios Gesicht ist nun beinahe angstverzerrt. Eine rasante Fahrt ist das. »Ich fahre kein Taxi mehr in Lissabon«, sagt Alfred dann resigniert und mit zittriger Stimme.

Zwei Stunden später ist das dann aber alles doch schon wieder vergessen – und ein Taxi bringt uns zum Abendessen. Ein Fischlokal kennt Bio noch vom letzten Besuch in Lisboa. Mit einem Freund war er hier, etwas außerhalb der Stadt. Montsanto heißt die Gegend, wo der »Mercado do Peixe« liegt, das Restaurant also, das Alfred jetzt ansteuern lässt. Um einen gigantischen Grill herum stehen die Tische zu großen Tafeln gedeckt. In einem langen Aquarium fristen Langusten ihre letzten Stunden und blubbern noch etwas vor sich hin. Vor dem Grill dann kistenweise frischer Fisch, der vom Gast bestaunt werden darf. Alfred erzählt vom Deutschen Fernsehpreis, den er vor ein paar Tagen gerade erhalten hat. Der

Ehrenpreis war das und Alfred sieht allen Grund zur Freude. »Ich war nicht den Tränen nahe, aber es war toll und eine geglückte Überraschung von Sat 1, die eine Grußbotschaft von John Cleese für mich hatten.«

Der nächste Morgen bringt uns eine Begegnung mit Luis Rodrigues. Ein hochdekorierter junger portugiesischer Spitzenkoch ist das und der Chefkoch des Hotels. Als er hörte, dass Alfred nun hier übernachtet und dieser ein angesehener Fernsehkoch ist, da wollte er für Alfred gerne kochen. Das lässt sich Alfred Biolek natürlich nicht zweimal sagen und wir gehen am Morgen also zum Markt, der keine zehn Minuten vom Hotel entfernt liegt. Hier stapelt sich der Fisch beinahe meterhoch. Das Gemüse ebenso. Jeden Tag komme er hierher, sagt Rodrigues, und kaufe für sein Restaurant frisch ein. Besonders guten Schwertfisch gebe es hier und Thunfisch und eigentlich alles, was das Meer vor der portugiesischen Küste so hergibt. Alfred ist beeindruckt und erzählt Rodrigues von seiner Arbeit in Deutschland, dass er eigentlich kein richtiger Koch sei, sondern nur ein Hobbykoch. »Aber ein guter«, betont er selbstbewusst und lacht. Er erzählt Rodrigues, dass er für das Fernsehen viele, viele Jahre gekocht habe und dass man ihn daher nicht selten auch für einen ausgebildeten Koch halte. Und von der Ehrung einer Gourmetzeitschrift berichtet er noch. Darin nämlich hätten die Leser den bekanntesten Koch des Jahres wählen dürfen. »Und da bin ich noch vor Eckard Witzigmann auf Platz 1 gelandet«, sagt ein lachender Alfred Biolek.

Luis Rodrigues, Ende 20 mit Brille und rosa Pullover ausgestattet, kauft den für Portugal typischen Bacalhau. Alfred ist skeptisch, ob ihm der Stockfisch schmecken wird. »Ich habe mal sehr guten Bacalhau gegessen«, sagt er, »aber auch schon sehr schlechten!« Rodrigues ist ein Meister des Einfachen. The kitchen is my room, sagt er. Und als wir dann wieder im Hotel sind und Rodrigues in seiner winzigen Küche die Zubereitung beginnt, da staunt der erfahrene Fernsehkoch aus Germany doch gewaltig. Nach gerade mal zehn Minuten ist das ganze Gericht schon fertig: kurz angebratener Bacalhao auf jungem Spargel mit Kartoffelmousse und einer Weißweinsoße. Und am Ende gibt es Muscheln aus dem Alentejo. Biolek ist restlos begeistert: »Fantastic, fantastic!«, ruft er und zeigt dem jungen Koch sein berühmtes Alfredissimogesicht. Das wolle er doch zu Hause gleich auch mal nachkochen, bei einem portugiesischen Abend mit Freunden. Die beiden geben sich die Hand und Alfred verlässt glücklich die Küche.

Etwas später dann machen wir uns auf den Weg in die Altstadt. Direkt vor dem Hotel hält die Straßenbahn Numero 28. Es ist die älteste noch in Betrieb stehende Bahn der Stadt und eine lange Schlange steht bereits an der Station. Alfred reiht sich in die wartende Menschenmenge. Viele Frauen mit Kindern sind zu sehen, viele Alte. Alfred hat seine Schiebermütze aufgesetzt und dann kommt die Bahn auch schon mit lautem Getöse. Es geht langsam voran durch die engen Straßen. Mühsam kriecht die Bahn die steilen Abhänge hinauf, um sich sogleich auch wieder müde hinabrollen zu

lassen. Es quietscht und ruckelt, und Bio beobachtet die mitfahren-
den Gäste. Vor ihm sitzt eine Blinde mit einem Stock. Zwei Kinder
toben umher. Ein alter Mann interessiert sich für Alfred und blickt
ihn mit durchdringender Gespanntheit an. Immer mehr Menschen
steigen ein. »Na, ich hab ja meinen Platz«, sagt Alfred. Eine andere
Welt sei das hier, fügt er noch an. Viel Armut. Viele Krüppel. Ein
Schild im Abteil weist auf Taschendiebe hin, auf die Carteristas.
Die Fahrt eignet sich hervorragend, um einen Eindruck von der
alten Pracht und der Vielfalt dieser Metropole am Tejo zu bekommen. Die Strecke führt aber auch an Gerippen verlassener Häuser
vorbei und an kaputten Fassaden. Gebaut wird kaum in Lissabon.
»Das Wahnsinnige dieser Stadt«, sagt Alfred, »das sind die Widersprüche.« Widersprüche einer einstigen Weltmacht, der ehemals
reichsten Nation der Erde, die heute zu Europas armen Ländern
gehört. Noch immer. Und das, obwohl das kleine Land bereits seit

über 20 Jahren auch Mitglied der Europäischen Union ist. Die bewegte Geschichte dieser stolzen Nation hat sichtbar ihre Spuren hinterlassen in den Häusern und Menschen dieser Stadt.

Von der Endstation treten wir dann unseren Fußmarsch an, durch die vielen schiefen Straßen zurück zum Barrio Alto. Am Arco do Bandeira, einem großen Torbogen, dort bleibt Bio dann stehen. Hier habe er oft mit Freunden zu Mittag gegessen, in diesem winzigen Lokal. Er schaut durch das durch Fettablagerungen trübe Schaufenster. Dahinter für alle sichtbar liegt gebratener Fisch hindrapiert, der Laden ist spartanisch eingerichtet, gegenüber gibt es eine Peepshow. Alfred will, so sieht es zunächst aus, auch dort noch einen Blick hineinwerfen, entscheidet sich dann aber um. Dann ziehen wir weiter über die Rua do Cormo am berühmten Turmcafé in der Baixa, der Altstadt von Lissabon, vorbei. »Ein Schüler vom alten Eifel hat den gebaut«, sagt Alfred. »Sehr berühmt!« Die Fahrt mit dem weltbekannten Aufzug ist zwar schön und bietet von oben auch eine spektakuläre Sicht auf die Stadt, die Alfred sehr lobt. Das Café aber hat leider geschlossen an diesem sonnigheißen Tag, und so schlendern wir weiter zum Café »A Brasileira«, wo der Poet Fernando Pessoa seine Nachmittage Zeitung lesend verbrachte und nun als gusseiserne Statue den Gästen in den Kaffee schaut. Neben uns nehmen polnische Touristen Platz. Vier sind es, und Alfred beobachtet die Neuankömmlinge genau. Einer der vier liest den übrigen aus einem Reiseführer vor. Dann schaut er auf das Treiben auf der gut besuchten Fußgängerzone. Viele unterschiedliche

Gesichter sind das. Eine bunte Mischung, wie Alfred meint. Die Seefahrt, vor allem aber auch der Kolonialismus haben kräftig dazu beigetragen, diesem kleinen Land an der Atlantikküste die wohl interessanteste Bevölkerung innerhalb der europäischen Grenzen zu bescheren. Vor allem Menschen afrikanischer Abstammung trifft man häufig. Denn zu den früheren Kolonien Portugals gehören neben Moçambique und Angola auch Guinea-Bissau, die Kapverden und die Inselgruppe Sao Tomé e Príncipe. Auch woanders auf der Welt gibt es einige ehemalige Kolonien, Goa etwa oder Macau. Brasilien. Noch heute sprechen über 200 Millionen Menschen weltweit Portugiesisch als Muttersprache. Diese Vielfalt ist es dann auch, die Alfred als eine anregende Stimmung bezeichnet hier in Portugal. »Dass es ein solches Land in Europa noch gibt, das ist doch unglaublich«, sagt er. Ihm imponiere vor allem die Haltung, die sich die Portugiesen bewahrt hätten. »Man trotzt hier dem Amerikanismus und ist stolz auf das, was man selbst über die vielen Jahrhunderte eigener Geschichte erreicht hat.«

Es ist der letzte Abend. Morgen geht es zurück ins kalte Deutschland, und später steht noch ein Besuch in einem Fado-Lokal an. Alfred hatte vor Jahren einmal ein sehr ursprüngliches Lokal aufgetan, man hatte ihm diesen Laden empfohlen. Dort seien noch echte Fado-Sänger und nur wenige Touristen unterwegs, so hatte man es ihm damals gesagt. Und seither hat er dieses Bild vor Augen, wenn er an ein echtes Fado-Lokal denke, erzählt er noch immer voller Begeisterung. Doch leider sei das Lokal irgendwann verschwunden. Fast zu kitschig ist der Sonnenuntergang an diesem Spätsom-

mertag auf der Terrasse unseres Hotels hier über den Dächern der Stadt. Man sieht die Tejo-Brücke, die gerade ihre Lampen anzündet, als hätte man ihr eine Lichterkette um den Hals gehängt. Dann schiebt sich wie aus einer Nebelkanone der Dunst des Meeres in die Bucht. Ein wahres Naturschauspiel ist das, und von hier oben aus wirkt dieses Ereignis wie inszeniert für einen Film. Die Brücke ist nach nur wenigen Minuten kaum mehr zu sehen, ein paar Lichter stechen aus dem Nebel hervor. Am anderen Ufer sieht man noch den hell beleuchteten Cristo Rei, die riesenhafte Jesusstatue, die die Stadt bewacht. Aus den Lautsprechern dringt Reggae. Über unseren Köpfen spannt ein fast durchsichtiger Baldachin, darüber nur der Sternenhimmel. Alfred sagt: »Das ist Lisboa!«, und zieht zufrieden einen Schluck Gin Tonic durch seinen Strohhalm.

Als wir unseren Drink geleert und uns am Panorama sattgesehen haben, gehen wir runter zur Rezeption. Alfred möchte sich einen Tipp abholen, wo man denn nicht ganz so touristisch etwas Fado hören könne. Gerne dort also, wo die Einheimischen seien, wie er sagt. Der Rezeptionist meint, dass das schwierig sei. Beinahe unmöglich. Hier in Lissabon seien alle Lokale mittlerweile touristisch. Er kramt unter dem Tisch eine Broschüre hervor und drückt Biolek diese in die Hand. Alfred ist enttäuscht. Das genau habe er eben nicht gesucht und gibt dem Rezeptionisten dankend das Faltblatt zurück.

Eine ältere Dame hat Biolek entdeckt und eilt nun seinen Namen rufend zu ihm. Was er denn hier in Lissabon zu tun habe, ruft sie auf Deutsch einem verdutzten Alfred entgegen. Und was er heute

Abend denn vorhabe? Alfred erzählt ihr von dem Fado-Lokal, von dem er so begeistert gewesen sei, das aber nicht mehr existiere. Die Dame hat mit ihrer offenen Art die Situation gleich erkannt und bittet Alfred, sie doch zu begleiten. Sie nämlich wolle heute Abend mit ihrer Familie in ein Fado-Lokal, hier ganz in der Nähe, und das sei genau das, was Alfred wohl suche. Bio überlegt nicht lange und willigt ein. Was habe er zu verlieren?, sagt er. Und notfalls könne man sich ja schnell auch wieder absetzen. Zwei Straßen weiter, dann sind wir schon da. Eine lange Tafel steht draußen für uns bereit, eine Papiertischdecke und ein paar Gläser sind aufgedeckt.

Adega do Ribatejo heißt das Lokal in der Rua do Diario Noticias mitten im Stadtviertel Barrio Alto. Früher, sagt unsere Begleitung dann, früher sei der Fado vor allem im Alfama-Viertel zu Hause gewesen. Das habe sich in den letzten Jahren aber alles ins Barrio Alto verlagert. Alfama sei heute touristisch. Noch immer schön, aber doch sehr touristisch. Das Barrio Alto aber habe noch seine Ursprünglichkeit erhalten. Sie selbst wohne jetzt schon seit 1962 in Portugal, und diese Entwicklung habe man auch genau beobachten können. Alfred nimmt einen großen Schluck Wein und sagt: »Ach!«

Es ist eine kleine gemütliche Gasse, gelb beleuchtet, an den Wänden Graffiti. Ein herrenloser Hund schnuppert an Bios Hosenbein und zieht weiter. Drinnen ist das Lokal voll mit portugiesischen Familien, die essen, trinken, laut reden und noch lauter lachen. Zwei Gitarristen stimmen sich ein. Und dann geht's los: Mit einer Schürze um das Becken stellt sich die Köchin in die Mitte des Ladens, die Menschen klatschen, und mit einer naturgewaltigen Stimme stimmt sie ihren bitter traurigen Fadogesang an. Einer der Gitarristen schaut grimmig in die Ecke. Volle Konzentration heißt es nun. Vor der Tür steht einsam ein Blinder und summt leise mit. In der einen Hand hält dieser seinen Blindenstock, er schaukelt sanft

mit hin und her. In der anderen Hand hat er ein Radio nah am Ohr, aus dem eine aktuelle Fußballübertragung lärmt. Die Hausdame erzählt uns später, dass der Blinde einst ein berühmter Fado-Sänger gewesen sei. Doch mit dem Augenlicht habe er auch seine Stimme verloren. Aber auch er darf dann zu später Stunde nochmal ran, und für das ungeübte Ohr klingt auch diese Stimme noch immer schmerzend schön.

Alfred ist zufrieden. Kräftig schenkt er Wein nach und sagt immerzu, wie herrlich das hier doch sei und genau so habe er sich das vorgestellt. »So wie ich mir den Fado optimal gewünscht habe«, sagt er noch.

Mal ist es die Kellnerin, die singt, dann die Wirtin. Am Ende ist es ein Abend ganz nach Bios Geschmack geworden. Es gab hervorragendes Essen und exzellenten Wein und die Begleitung war, wie Bio sagt: sehr sympathisch!

Portugal, sagt Alfred dann zum Abschied, das sei seine heimliche Liebe. »Hier habe ich etwas gefunden, das es so nicht mehr gibt in Europa. Hier habe ich mich selbst nochmal neu entdeckt!«

# Paris

Paris, Stadt der Liebe. So heißt es doch immer etwas pathetisch. Und was genau soll man sich darunter auch schon vorstellen? Alfred Biolek jedenfalls sagte das damals alles nichts. Noch nicht. Mitte der fünfziger Jahre besuchte er zum ersten Mal die französische Hauptstadt. Mit einem Reisebus hatte sich der Student nach Paris aufgemacht. Eine Pauschalreise war das, und viele junge Leute saßen mit im Bus. Alfred war allein unterwegs. Schon immer hatte er die Stadt an der Seine besuchen wollen. Viel hatte er gehört darüber, vom Glanz dieser Stadt, vom Bon Vivre, von der Revolution natürlich. Diese Stadt verhieß Geschichte pur, Tradition, weite Welt.

Von Freiburg nach Paris ging die Fahrt, und ein vom Veranstalter gebuchtes Hotel am Stadtrand der Metropole sollte die Reisenden für die nächsten drei Nächte unterbringen. Alfreds Sitznachbar war ein junger Medizinstudent. Während der Fahrt freundeten sie sich an, und noch bevor sie die Stadt erreichten, stand für die Abenteuer suchenden Studenten fest, sie würden sich im Stadtzentrum ein Zimmer teilen. Die Unterkunft, die sie dann fanden in einer anspruchslosen Pension am Palais de Luxembourg, hatte ein Doppelbett und nicht viel mehr. Schon in der ersten Nacht jedoch machte Alfred kein Auge zu. Die Matratze war durchgelegen und man hatte Mühe, nicht in die Mitte hineinzurutschen. Was aber trotzdem passierte. »Zum anderen, weil mein Herz wie verrückt pochte«, erinnert sich Bio. »Ich war wohl verliebt, ohne es bemerkt zu haben.« Alfred war Mitte zwanzig und dies Gefühl vollkommen neu für ihn. Damals, so erinnert er sich heute, hat er die Schlaflosigkeit dem Lärm der am Fenster vorbeibrausenden Busse zugeschrieben.

Nun also ist Alfred wieder in Paris. Über fünfzig Jahre sind vergangen seither. Und viel hat sich verändert. Die Stadt ist reicher geworden, die Sehnsüchte der Menschen sind heute andere. Nur die Mode spielte schon immer eine große Rolle hier. Alfred Biolek sitzt in der Metro und blickt aus dem Fenster. Die Pariser Vorstadt zieht vorbei, sterile Hausfassaden, dampfende Fabriken. Es ist ein sonniger Tag heute, aber hier wirkt die Stadt grau und fahl. Biolek war oft in Paris zu Besuch. Für seine ZDF-Sendung Nightclub war er Ende der Sechziger hier auf der Suche nach Kleinkünstlern. Jongleure, Tänzer und Artisten vor allem. In den einschlägigen Striplokalen hat er sich ganze Nächte um die Ohren geschlagen. Im Sexy und vor allem auch im Crazy Horse. Er habe sich stundenlang Striptease anschauen müssen, bis dann endlich die Künstler auf die Bühne kamen, die auch für ihn interessant waren. Meist waren es nur die Lückenfüller zwischen den vielen nackten Damen. »Du kannst dir ja vorstellen«, sagt er heute mit einem Schmunzeln um die Augen, »dass das nicht so meins war.«

12 Grad sind es heute hier an einem der letzten Oktobertage des Jahres. Und ein mächtiges Gewusel ist das auf den Straßen von Saint-Germain-des-Prés, wo wir unsere Fahrt mit der Metro beenden. Im Hotel Lennox in der Rue de l´Universié haben wir uns einquartiert. Ein paar Gehminuten sind es nur bis zur Seine. Auch zum Boulevard Saint-Germain sind es nur wenige Meter vom Hotel aus. »Meine Lieblingsstraße«, betont Alfred. »Da trinken wir erstmal einen Café au lait.« Modeläden gibt es hier viele in Saint-Germain, und natürlich die vielen und legendären Kaffeehäuser. Nicht draußen wolle er sitzen, sagt Alfred, zu viel Auspuff und so. Also nehmen wir im Wintergarten Platz. Links neben uns pafft ein hagerer Mann hartnäckig an seiner Pfeife und hüllt die Besucher in blumigen Dunst. Rechts von uns sitzt ein Bartträger mit schwerem Strickpulli und drei Lesebrillen und brütet über philosophischen Büchern. »Warum hat der da drei Brillen dabei?«, will Alfred wissen. Der mutmaßliche Philosoph wird von ihm genau gemustert. Was er dabei denkt, das behält Alfred für sich. Dann schlürft er seinen Café aus und bestellt die Rechnung. Wir schlendern in Richtung Osten, zum Quartier Latin. Bis hinein ins 18. Jahrhundert noch galt hier das Latein als die Sprache der Bewohner des Viertels, der Gelehrten also und der Studenten. Die Bewohner blieben, die Sprache starb jedoch aus. Und so bleibt nur der Name als Relikt einer vergangenen Zeit. Das Paris des Alfred Biolek, das ist das Paris um das Stadtviertel Saint-Germain.

Die Straßen sind schwer befahren. Tauben laufen gurrend durch die Menschenmassen. Zwei vorbeigehende blonde Damen grüßen freundlich. Biolek nickt und folgt seinem Instinkt. Dann sagt er: »Genau an diesen Boulevard habe ich gedacht, als wir uns den Namen meiner Sendung aussuchten: Boulevard Bio!« Die Mischung der Menschen habe ihn hier besonders fasziniert. »Diese verschiedenen Welten«, wie er sagt. Hübsche Studenten neben bettelarmen Clochards. Superreiche und Intellektuelle. Alle an einem Fleck. Und alle Teil des Ganzen. Alfred erinnert sich, dass Friedrich Nowottny, damals mächtiger WDR-Intendant, die Sendung »Bios Boulevard« nennen wollte. Aber er, Biolek, habe sich doch durchgesetzt: »Schließlich heißt es ja auch Boulevard Saint-Germain, und eben nicht umgekehrt. Das hat er verstanden.« Aus sechzig verschiedenen Namen habe man Boulevard Bio ausgewählt.

»Da irgendwo muss sie sein, diese schöne Straße«, sagt er und schaut auf die Namensschilder an den Hauswänden. Und da ist sie dann auch schon: Rue de l´Odéon. Forschen Schrittes geht Alfred den engen Bürgersteig entlang. Etwas bergauf verläuft die Straße hier. Links und rechts sind wunderschöne Antikläden, einer neben dem anderen. In den putzigen Auslagen kann man

wahre Schätze entdecken: Bücher, Teppiche, Schmuck, Möbel. Alfred schaut interessiert in die Fenster hinein. Unverändert!, sagt er dann mehr an sich selbst gerichtet. Ein Moped zieht an uns vorbei. Am Ende der Straße erreichen wir den kleinen Platz. Eine Studentin tanzt in sich gekehrt zur Musik aus ihrem iPod. Hier hat Alfred bei Freunden öfter gewohnt. Hier ist Paris besonders gemütlich, ruhig und beschaulich. Dahinter erstreckt sich der große Jardin de Luxembourg. Die barocke Parkanlage gehört zum gleichnamigen

Palais, das ursprünglich Wohnsitz der königlichen Familie war und nach der Revolution in Staatsbesitz überging. Heute nutzen Jogger die Anlage zur sportlichen Aktivität und Touristen machen Fotos vom Schloss.

Am späten Abend zieht uns der Hunger ins Quartier Latin. Es ist voll auf den Straßen des Studentenviertels. Junge Menschen sitzen in Bars, Touristen schauen sich um. Eine Fischtheke vor einer Brasserie lockt Alfreds Aufmerksamkeit: »Komm, hier gehen wir rein!« Man gibt uns einen Tisch für zwei, neben uns ein älteres

Pärchen, auf der anderen Seite zwei Damen und ein junger Mann. »Vermutlich ein Student«, sagt Alfred flüsternd, aber doch zu laut. Es gibt Fisch und Wein, alles in minderer Qualität. Der Kellner riecht nach Schweiß. »Wohl doch ein Touristenlokal«, sagt Alfred dann. »Aber die Atmosphäre macht´s. Außerdem sind wir morgen Abend in einem Edelrestaurant.« Die beiden Damen rechts von uns, bis dahin französisch sprechend, wenden sich plötzlich an unseren Tisch: Schön, auch mal wieder Deutsch zu hören!, sagen sie und schaufeln weiter kräftig Muscheln in sich hinein. Alfred lacht

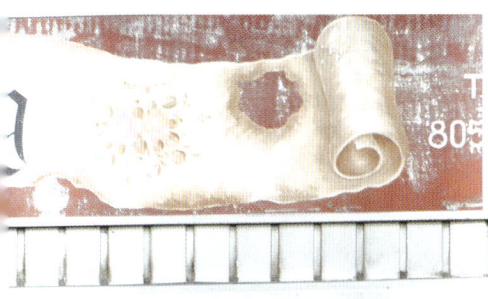

verlegen. Nach einer Weile dann wollen die Damen wissen, was uns denn so nach Paris führt. Die Damen tasten sich mit unschuldigen Fragen weiter an unseren Tisch heran. Alfred ist irritiert und sagt: Wir schreiben ein Buch. Sicher ist sich Alfred nicht, ob die Damen ihn erkannt haben. Sie haben einen österreichischen Akzent und geben sich unauffällig. Das kennt Alfred nicht. Die Damen berichten von Paris und davon, dass ihre männliche Begleitung der Sohn der einen ist. Die andere sei seine Tante. Ein Auslandsstudium mache er hier in Paris. Und dann wollen sie von Al-

fred wiederum wissen, was für ein Buch das denn sei. Alfred geht nun höflich in die Offensive: »Also man muss wissen, dass ich in Deutschland sehr bekannt bin!« Gerade will er zur Erklärung des Buches ansetzen, dann platzt auch schon der Knoten. Die Damen geben zu, dass sie ihn natürlich auch kennen würden und dass sie ihn heute Mittag schon auf der Straße getroffen hätten und sogar gegrüßt haben. »Wahrheit muss Wahrheit bleiben«, sagt die eine, und die andere stimmt zu.

In einem Zuge berichten die Damen einem sichtlich erleichterten Alfred Biolek dann alles Erlebte: von einer besonderen Wurst und von Innereien, die man hier esse, und von einem Markt, da müsse man unbedingt mal hin. Und auch Alfred läuft zu Hochform auf: Er kenne Paris, sein zweites Zuhause sei das. Die Damen hören mit großen Augen zu. »Ist das nicht toll?«, fragen die Damen etwas hysterisch ihren jungen Verwandten, »der Biolek!« Und der Student nickt und sagt: ja, und pickt weiter mit der Gabel in seinem Essen herum. Alfred erzählt davon, wie es ist, ein Leben auf der Überholspur zu leben. Jeder lebe nunmal ein anderes Leben. Und jeder müsse auch herausfinden, welches das für ihn richtige Leben sei. »Ich habe ein so schnelles und extrovertiertes Leben gelebt, dass es heute ganz schwierig für mich ist, ruhig zu Hause zu sitzen.« Man zahle für die Prominenz eben auch seinen Preis, sagt er. »Ich

bin abends alleine zum Beispiel nicht glücklich. Allein, das ist sehr schwierig für mich.« Dann verabredet man sich noch für den Tag der Abreise. Gemeinsam noch auf den Flohmarkt gehen. Nach Clignancourt, zu Mittag ins Chez Louisette.

Als der nächste Tag anbricht, ist Alfred bester Dinge. Das Hotel ist ganz nach seinem Geschmack, die Sonne scheint. Vor dem Hotel hat Alfred seinen Trenchcoat um und seine Schiebermütze zum Spaziergang aufgesetzt. Etwas verschlafen wirkt Paris noch an diesem Morgen; wenige Menschen, kaum Autos. Wir gehen runter an die Seine. Die Bouquinisten klappen gerade ihre Stände auf: Bücher von Foucault und Adorno findet man hier zu Hauf. Natürlich

sind auch de Beauvoire und Sartre zahlreich vertreten. Nippes mit Parismotiven findet man hier ebenso, Aquarelle. Eine wilde Mischung ist das alles. Alfred schlendert an den kleinen Läden vorbei, bleibt stehen, schaut. »Das liebe ich sehr an dieser Stadt«, sagt er dann. »Ich habe mir Paris immer zu Fuß erlaufen. Alle Stadtviertel.« Nur so lerne man eine Stadt wirklich kennen.

Gegenüber ragt prächtig der Louvre in den Himmel, im Fluss spiegelt sich der Seitenflügel dieses weltberühmten Museums. Wir überqueren den Pont Royale. Eine unwirkliche Stimmung ist das über diesem Fluss, der so viele Zeiten schon durchlebt hat: das Mittelalter mit den schweren Hungersnöten und den vielen Krankheiten, als die Seine noch die Kloake der Stadt war; später dann das Paris der Revolution und den Sturm auf die Bastille Ende des achtzehnten Jahrhunderts; den Aufstieg Frankreichs zur Weltmacht unter Napoleon; den Reichtum der zwanziger Jahre. Heute ist die

Seine Weltkulturerbe der Unesco. Auf dem Pont Royal hat man das Gefühl, die Geschichte dieser Stadt ziehe unter einem vorbei. Biolek ist ans Geländer gelehnt und blickt auf das braune treibende Wasser. Er schaut auf die am Ufer befestigten Hausboote. »Meinst du, da wohnen wirklich Leute drin?«, fragt er ungläubig in den Wind. »Das wäre nichts für mich, dieses Geschaukel.«

Ein paar Schritte weiter dann, und wir erreichen den Jardin des Tuileries. Eine große Allee tut sich vor uns auf. Herbstbäume säumen den Weg. Alfred erzählt von einem Porträt, das er vor vielen Jahren mal über Jean-Claude Pascal gedreht habe. Über den berühmten Pariser Chanconnier und Schauspieler. Bei ihm in Tunesien sei er gewesen. Und er habe ihn auf dem Land besucht bei Paris und natürlich in der Stadt selbst auch. Pascal habe ihn, Alfred, dann zu einem Abendessen zur legendären Gesellschaftsdame Regine mitgenommen. Heute kenne die kaum noch jemand. »Damals aber war sie ganz berühmt«, sagt Alfred. »Die Grande Dame des Pariser Nachtlebens.« Bei Regine zu Hause fand ein großes Essen

statt. Riesige Caviar-Dosen wurden herumgereicht und Champagner und viele berühmte Menschen waren da. »Juliette Gréco und Charles Aznavour und viele mehr«, erinnert sich Alfred an diesen Abend, an dem er aus dem Staunen nicht mehr herausgekommen sei, wie er meint. Ein Glanz sei das gewesen, wie es ihn in Mainz einfach nicht gegeben habe. Vor uns landet im Sturzflug ein kleiner Spatz. Unter unseren Füßen knirscht der Kies. Der Place de la Concorde liegt vor uns. Dahinter, im schweren Dunst, das Glasdach des Grand Palais, der Eiffelturm.

Mit Georg Stefan Troller hat sich Alfred für den späten Nachmittag verabredet. Eine Journalisten-Ikone. Eine Legende. Troller ist wohl der berühmteste Auslandskorrespondent, den das deutsche Fernsehen je hatte. Neben Peter Scholl-Latour vielleicht. Und seine Reportagen und Interviews und die unzähligen Bücher, das alles sind wahre Kunststücke. Erst war Troller für den WDR tätig, dann für das ZDF. Seit vielen Jahrzehnten lebt Troller in Paris. Seit 1949 genau. Seitdem er nämlich seiner Heimatstadt Wien den Rücken kehrte. Jener Stadt also, die ihn erst verjagte nach Amerika, weil er Jude ist. Und die später für ihn, den Heimkehrer, einfach nicht mehr dieselbe war.

Troller hat für unser Treffen das Café de Flore vorgeschlagen. Unten, sagt Troller, da säßen die Touristen. Hier oben aber, im ersten Stock, hier sei man ganz für sich. Oder unter sich. Wie man's nimmt. Troller hat noch immer diesen berühmten gezwirbelten Bart um den Mund. Etwas weißer ist er geworden. Aber eigentlich war er das schon immer. Und jung wirkt er, hellwach, eine beinahe jugendliche Lebhaftigkeit ist das für einen Mann in seinem Alter. 87 sei er mittlerweile, erzählt er uns stolz. Aber er arbeite noch immer jeden Tag. »Gestern gerade habe ich mein Manuskript für das nächste Buch abgegeben. Da hattet ihr Glück, sonst hätte ich keine Zeit für euch gehabt.« Was für ein Buch das sei, darum macht er dann aber ein großes Geheimnis. Das dürfe man einen Schriftsteller nie fragen. Das bringe Unglück. Dann aber erzählt er doch, dass es um die Pariser geht und ihre Eigenarten.

Viele, viele Bücher hat Troller in seinem Leben geschrieben. Und eigentlich behandeln all diese vielen schönen Bücher immer nur das eine: die große Liebe des Georg Stefan Troller: Paris.

Eine gelbliche Lesebrille trägt Troller um den Hals. Wie immer schon. Ein hellblaues Hemd, darüber einen roten Pullover und ein Tweedsakko. Unterm Hemd hat er ein Tuch um seinen Hals gebunden. Alles wie immer. Alfred möchte von Troller dann wissen, ob sich Paris auch habe amerikanisieren lassen. Früher sei das ja strikt antiamerikanisch hier gewesen. Aber er habe doch den Eindruck, dass selbst Frankreich schon eingeknickt sei. Und Troller bejaht das natürlich. McDonald´s sei omnipräsent. Undenkbar früher. Aber um das zu verstehen, da müsse man die jüngere Geschichte kennen, sagt er und holt aus: Zunächst die Niederlage gegen die Deutschen 1940, dann die radikale Umkehr nach 1945. Nach 45 habe das Gros der Franzosen dann von sich behauptet, sie seien schon immer im Widerstand gewesen. »Von wegen«, ruft Troller fassungslos darüber. Dann die elende Nachkriegszeit, später der

ganze Existenzialismus. »Nach wem sich also dann ausrichten?«, fragt Troller. »Natürlich: nach Amerika. Im Defense-Viertel, das ist sehr interessant, ja, da sieht es aus wie in Manhattan. Kein anderes europäisches Land hat sich dermaßen auf Amerika eingestellt wie die Franzosen.« Und wer, fragt Alfred dann, repräsentiere heute noch das intellektuelle Milieu nach Sartre und seinen Zeitgenossen? »Niemand«, sagt Troller. »Niemand.« Bernard-Henri Lévy und Michel Houellebecq vielleicht. Aber die seien so dermaßen eitel, dass das einen dann doch mehr verblöde, als dass es ihm nütze. »Es gibt keinen Maître-à-penser, keinen Vordenker mehr. Und das liegt daran, dass Frankreich keine Weltmacht mehr ist.« Große Denker bräuchten nun mal ein großes Publikum.

Biolek und Troller rühren in ihrem Café au lait herum. Alfred sagt: interessante Leute hier. Und Troller sagt Ja und erzählt von einem Pärchen, das er hier im Café de Flore mal beobachtet habe. Die Frau sei von oben bis unten tätowiert gewesen. Und hätte mit ihrer männlichen Begleitung kräftig geschmust, wie er sagt. »Das war schon was«, so Troller schelmisch. Dann beobachtet er eine hereinkommende Dame mit großer Sonnenbrille und extravaganter Garderobe, die unseren Tisch streift. Der Schriftsteller wirf ihr seinen Blick nach, er schaut ihr lange hinterher, sehr lange. Dann meint er trocken: »Vielleicht tätowiert?« Troller schmunzelt und genießt. Die Pointe traf punktgenau. Schriftstellerfreuden.

Der Kellner, eine dürre und blasse, aber stets freundliche Gestalt, bringt weiteren Kuchen, Brot und Butter und fragt, ob alles recht sei. Und Alfred sagt »oui«! Dann fragt Alfred Troller nach seiner

Definition von Heimat. »Schwer«, sagt dieser und blickt in sich hinein. »Schwer zu beantworten. Paris war immer ein Biotop für Künstler. Aber keiner der immigrierten Künstler fühlte sich hier jemals heimatlich. Kein Picasso, keiner der großen Maler und Schriftsteller. Und ich würde auch nie sagen, Paris ist meine Heimat.« Er habe keine Heimat mehr. Weder Wien noch Paris. Nach einer Pause dann sagt Troller, dass in Paris aber noch immer ein intellektuelles Klima herrsche. Und das sei doch sehr schön für Menschen wie ihn. Der Geist und die Mode stünden noch immer ganz oben.

Eine Dame mit viel Pelz und drei kleinen Pudeln betritt den Raum und jeder guckt. Troller sagt, dass diese Dame jeden Tag hier im Café sitze. Immer am selben Platz. Direkt an der Treppe. Er, Troller, sei hier nur einmal die Woche. Aber sie komme tatsächlich jeden Tag. Ach, sagt Alfred und staunt. »Das ist ja unglaublich«, so Biolek, der direkt zur Frage ausholt. Was nämlich die Pariser speziell ausmache. Er selbst kenne keine. Schon wegen der Sprachbarriere habe sich das leider nie ergeben. Und aus Troller sprudelt es nur so heraus: Der Pariser sei neugierig, er habe immer große Lust an Veränderung. Der Pariser gehe bis an die Grenze des Erlaubten. Und natürlich sei er berühmt für seine sexuelle Ausschweifung. Pariser seien geizig und geldsüchtig. Und die Pariser sind ablehnend, sagt er auch noch. »Keine freundlichen Menschen, keine herzlichen Menschen.« Frankreich sei eben so, schon immer so gewesen, Veränderungen seien nur äußerlich passiert. Im Kern seien die Menschen über die Jahrhunderte hinweg gleich geblieben. Äußerlich ist die Amerikanisierung von Paris längst da. Aber die Pariser sind eigentlich der Überzeugung, dass sie die Vernunft personifizieren und dass es kein vernunftbegabteres Wesen auf Erden gebe als eben den Pariser selbst. Das sei ihnen eingeboren, sagt Troller. Und natürlich sei es auch die Liebe zur Sprache. Der Franzose verbessere einen, wenn man etwas falsch ausspricht. Der Franzose selbst aber habe keinerlei Sprachbegabung. »Also Englisch sprechen sie wohl mittlerweile fast alle. Aber leider ist das ein Englisch, das außer den Franzosen selber keiner versteht«, so Trollers ironisches Resumée.

Am Ende, als die beiden in identischen Trenchcoats auf der Straße vor dem Café stehen und sich zum Abschied umarmen, da möchte Troller dann doch noch wissen, was in Alfreds Buch denn nun über ihn selbst geschrieben werde: »Wohl nicht, dass der Troller ein falsches Gebiss hat, oder so ähnlich?« Alfred freut's und umarmt den liebenswürdigen Autor ein zweites Mal. Eine alte Ledertasche hängt Troller von den Schultern und winkend und glücklich zieht er davon. »Ein toller Typ«, sagt Alfred noch beim Weggehen. An der nächsten Straßenecke verkauft eine uralte Frau mit Kopftuch Körbe voller Chrysanthemen in prächtigen Farben. Von Weitem ist der Glockenschlag von Notre-Dame zu hören.

Tante Louise heißt eines der Restaurants des vielleicht berühmtesten französischen Kochs. Bernard Loiseau hatte sich 2003 das Leben genommen. Er war bereits zu Lebzeiten eine Ikone der

europäischen Küche und der erste Star der Haute Cuisine, der mit seiner Herdkunst auch an die Börse ging. Als der Restaurantführer Gault Millau an sein Restaurant nur noch 17 von 20 möglichen Punkten vergab, zwei weniger also als im Jahr zuvor, da jagte sich der Dreisternekoch nach einem schweren Arbeitstag in seiner Küche eine Kugel in den Kopf. Seinem Leben machte Loiseau damit zwar ein Ende, nicht jedoch seinem Ruf. Denn noch immer steht sein Name für höchste französische Kochkunst. Seine Witwe Dominique führt nun die Geschäfte und unterhält zwei Restaurants in Paris und zwei in der Bourgogne. An diesem Abend also sind wir zu Gast im »Tante Louise«. Alfred hat sich schick gemacht. Ihm ist festlich zumute. »Bonjour«, sagt er beim Eintreten und »Merci« und gibt seinen Namen an und seinen Mantel ab. Ja, sagt der Restaurantchef, einen Tisch habe man reserviert und man freue sich sehr, ihn, Biolek, als Gast begrüßen zu dürfen. Alfred nickt freundlich und nimmt Platz.

Alles ist sehr zurückgenommen, beinahe unscheinbar. Helles Licht, cremefarbene Tischdecken, diese natürlich gestärkt, Eichenholzvertäfelung. Alfred schaut auf die Karte. Einige Preise sind durchgestrichen und durch niedrigere ersetzt. »Komisch«, sagt Alfred, »das haben die doch gar nicht nötig«, und wundert sich über eine solche Maßnahme in diesem so gehobenen Rahmen. Später jedoch klärt der Kellner auf. Das müsse man so machen. Die Regierung habe die Mehrwertsteuer gesenkt, und nun müsse jedes Restaurant, egal welches, sowohl die alten wie auch die neuen Preise auf die Karte nehmen. Verbraucherfreundlich wolle der Staat sein, so der Kellner achselzuckend. Alfred sagt, das sei Unsinn.

Er bestellt Gänseleber und sagt: »Das ist Paris!« Und als die Leber dann kommt, da schnuppert er genüsslich an seinem Teller und probiert und erzählt dann von seiner Kindheit. Wie das Kindermädchen im Hof die Gänse gestopft habe. Alfred sitzt nun mit einer grünen Krawatte mit Blättermuster und mit dem grünen Tweedsakko gemütlich in seinem Stuhl und genießt. Genießt das Essen, das wirklich vorzüglich ist. Genießt das Lokal, das ihn so sehr an seine früheren Parisbesuche erinnert in den Achtzigern und Neunzigern.

Das Tante Louise ist ein Restaurant der absoluten Spitzenklasse. Und trotzdem kommen viele junge Menschen herein, in Turnschuhen und Jeans und irgendwie anders, als man sich das so vorgestellt hätte. »Das freut mich, denn dieses ganze Schickimicki ist eh nichts für mich«, sagt Alfred und nippt zufrieden an seinem Chablis. Dann darf Alfred noch einen Blick in die Küche werfen. Das lehnt er natürlich nicht ab. Einer der Tellerwäscher fühlt sich gestört von dem Besuch. Immerhin ist hier die Hölle los. Es ist laut und heiß, ein Kontrast ist das zum Gästeraum. Mitten im Trubel hat Alfred sich den jungen Küchenchef Julien Poisot geschnappt und ringt ihm ein paar brauchbare Tipps ab. Dieser führt Alfred noch bereitwillig herum. Bio bedankt sich dafür mit einem breiten Lächeln, sagt noch, wie ausgezeichnet das Essen doch war. Und dann geht's raus.

Auf der Rue Boissy d´Anglas, gleich vor dem Tante Louise, verkündet Alfred seine Planung. Etwas umständlich kramt er einen Zettel aus der Manteltasche. Er sei sehr gespannt, wie das Banana Café heute wohl so aussehe. Früher sei er dort immer gerne gewesen. Und die Adresse habe er sich im Hotel noch extra notiert. Es gibt natürlich nichts einzuwenden. Wir halten ein vorbeifahrendes Taxi an und Alfred gibt die Adresse durch: Rüüüe dö la Ferroniäjee, sagt Alfred etwas krumm und schief. Der Taxifahrer, ein freundlicher Mann mit einer sehr dunklen Afrikanerstimme, schmunzelt und gibt ein Zeichen, er müsse passen, er habe leider nichts verstanden. Alfred kramt erneut seinen Zettel hervor und hält diesen dem Fahrer direkt vor die Nase. Gleich bei Les Halles, schmeißt Alfred noch erklärend hinterher. Ah, sagt der Fahrer sich entschuldigend, nun habe er verstanden. Natürlich, die Rue de la Ferronnerie, natürlich. Und schon brausen wir durch die schwer befahrenen Straßen in die Nacht hinein. Am Ritz geht's vorbei und an der Oper.

Im ersten Arrondissement liegt dann das Banana Café, das eigentlich eine Bar ist und über dessen Eingang eine leuchtende Palme prangt. Daneben weht eine Regenbogenfahne. »Ja, das ist es«, sagt Alfred. Drinnen dann sieht es aus wie auf einer Halloweenparty. Watte von den Wänden sollen ein paar gruselige Spinnweben simulieren. Eine Plastikspinne sitzt mittendrin und irgendwo hängt auch eine Maske des Hollywood-Shockers Scream. Alfred bestellt sich Gin Tonic. Mit ordentlich Gin, sagt er noch. Discomusik ballert aus den Boxen. »Früher haben die Gogo-Boys immer auf der Theke getanzt. Aber inzwischen scheint es hier ganz hetero zu sein. Wir fragen mal den Kellner!« Das aber ist dann doch nicht nötig. Denn an der Tür zur Toilette hängt ein eindeutiges Plakat: »PIMP my Banana«, steht drauf und dazu ein Foto mit einem muskulösen Männerkörper in Babyöl. Eine Damentoilette gibt es erst gar nicht. Alfred erzählt dann, wie schwer es für ihn damals als Schwuler in Deutschland gewesen sei. Dass er früher, als er noch nicht so berühmt gewesen sei, auch in Deutschland solche Bars be-

sucht habe. Später habe er das dann aber nicht mehr machen können. In Paris allerdings war das noch möglich. »Und das Banana
Café, das war einfach toll«, sagt er heute. Clubs seien nie sein Ding
gewesen. Immer mehr die Bars. Dann schaut Bio auf einen jungen
Kerl, der an der Bar steht und seinen Drink leert. Man habe hier
immer gut gucken können, sagt Alfred. Gerade in Paris gebe es ja
viele hübsche Menschen. »Tolle Gesichter«, sagt Alfred. Nach zwei
Gin Tonic wird Alfred dann doch müde. Auch früher schon habe
er es nicht lange aushalten können. Bis zwei, drei vielleicht. Aber
heute sei das doch etwas anderes. Und irgendwie ist das Banana
Café auch nicht mehr so wie damals. Es ist kurz vor eins. Wir treten
den Nachhauseweg an durch glitzernde Straßen.

Das neunte Klavierkonzert von Mozart weckt die Hotelgäste am
nächsten Morgen. Ein Nachbar hat seine Stereoanlage aufgedreht
und das Fenster zum Innenhof geöffnet. Es gibt Schlimmeres,
sagt Alfred am Frühstückstisch. Der Tag verläuft ruhig. Biolek
macht einen Spaziergang zur Seine. Später wolle er doch gerne
noch ins Musée Rodin. Da gebe es einen tollen Garten. Die Rue
de l´Université liegt ihm zu Füßen. Noch ist es früh. Ein Bäcker
liefert ofenfrische Baguettes an. Alfred geht die Straße hinunter,
schaut die Fassaden hoch, gelegentlich bleibt er stehen. »Hier irgendwo wohnt Lagerfeld«, sagt er und blinzelt durch einen Tor-
spalt hindurch. »Hier könnte es sein!« Der Himmel über Paris ist
heute bedeckt und grau. Lagerfeld wohne in einem richtigen Palais,
meint Alfred vor einer blauen Toreinfahrt stehend. Drei Mal sei

der Modeschöpfer bei Boulevard Bio gewesen. »Immer wieder ein interessanter Gesprächspartner«, sagt Alfred. Mit dem berühmten deutschen Model sei er ganz zu Beginn mal da gewesen.

Dann setzt Alfred seinen Spaziergang fort. Eine leere Papiertüte weht auf der Straße umher. Ein paar Autos donnern durch die enge Gasse. Alfred holt sein Nasenspray aus der Tasche und versorgt sich erst einmal mit Meersalzlösung. Am Quai fährt ein Reisebus vorbei mit winkenden Touristen. Reisen für Anspruchsvolle, ist an der Seite auf Deutsch zu lesen. »Pah«, sagt Alfred ungläubig. Dann zeigt er auf ein großes Gebäude: »Ah, das Quai d´Orsay, das Außenministerium. Ganz berühmt!« Er sei zwar nie dort gewesen. Aber das wisse man, der Name falle immer in den Nachrichten.
Ein paar Schritte weiter dann, die Esplanade des Invalides noch vorbei, und wir erreichen das Musée Rodin. Matisse steht auf dem Plan. Rodin sowieso. Und die beiden zusammenzuführen, das hält Alfred für eine gelungene Idee. Er schaut sich um. Ein großer Park ist das, eine alte Villa und ein moderner Pavillon gleich am Eingang. Viele Menschen stehen vor kleinen Figuren und Skizzen und vor bunten Leinwänden. Alfred zieht es in den Garten. Die vielen berühmten Skulpturen des Künstlers ordnen sich hier in die Natur: Orpheus, Balzac, Hercules inmitten der akkurat geschnittenen Rosenbüsche. Alfred bestaunt die Anlage, die man ihm doch so empfohlen hatte. Den restlichen Tag verbringen wir dann in verschiedenen Cafés, Zeitung lesend. Alfred beschriftet nebenher noch einen ordentlichen Stoß Postkarten.

Die Sonne hat sich gesenkt. Der Eiffelturm schießt seinen Lichtkegel bereits über die Stadt. An einer Bar unweit des Hotels sitzt
Alfred dann an einem kleinen runden Tisch und trinkt seinen Pas-
tís. Mhh, sagt er, das schmecke ihm doch sehr. Das sei doch Paris für ihn, dieser typische Anis-Likör. Und die Revuen, die seien
ja absolut sein Ding gewesen früher, sagt Alfred, die vielen Gesichter rundherum beobachtend. Es soll ins Lido gehen. Das wolle
er doch gerne noch sehen, hatte Alfred gesagt. Auf den Champs-
Élisées dann ist die Hölle los. Hupende Autos, umherirrende Men-
schenmengen. Die Bäume sind mit funkelnden Lichterketten ge-
schmückt. Ganz dort hinten erstrahlt der Arc de Triomph an der
Place Charles-de-Gaulle. Tisch 107 wird uns im Lido dann zuge-
wiesen von einem netten Kellner im Smoking. An einem solchen
Tisch bekommt man Champagner serviert und ein Dreigängeme-
nue. Alfred sagt, dass er früher, Ende der Sechziger, lieber ins Crazy
Horse gegangen sei. Oder ins Sexy. »Das Lido war schon damals
arriviert. Die Künstler waren zu bekannt. Und sie waren für mich
auch viel zu teuer«, erinnert er sich beim Betreten des Festsaales.
Die Tische liegen balkonartig im Raum. Wie ein großes Kino ist
der Saal zur Bühne hin ausgerichtet. Eine Altherrenband spielt
sich bereits langsam ein. Frank Sinatra-Songs und Barry White.
Die Sakkos der vier Bandmitglieder glitzern um die Wette. »Das
ist wie ein Flashback«, sagt Alfred. »Aber so richtig mit Krawatte
ist kaum noch jemand. Das war früher doch anders!« Alfred hat
wieder sein Sakko aus London angezogen. Smoking sei auch früher schon nicht seine Kragenweite gewesen. Heute schon gar nicht.

Nach und nach füllt sich der Raum. Getränke werden serviert, die ersten Speisen. Viermal, fünfmal, sechsmal vielleicht erklingt das Happy-Birthday-Lied und Alfred sagt trocken: »Hier möchte ich meinen Geburtstag nicht feiern.«

Alfred beobachtet die Gäste. Eine Sängerin ist als Verstärkung nun mit auf der Bühne und macht Ansagen, die das Publikum anheizen: Come on, Everybody!, sagt sie und: Let´s go! Alfred schüttelt den Kopf: »Es gibt wohl ein internationales Publikum, das das hier noch sucht. Naja!« Er wippt im Rhythmus hin und her. Mit der Hand schlägt er den Takt auf den Tisch. Und als der siebte Happy-Birthday-Song in voller Lautstärke ertönt, da wird es Alfred schließlich doch zu viel: »Das ist wie ein schlechter Film«, sagt er. Seit den Sechzigern habe sich einfach nichts verändert. Und Alfred erinnert dann an eine Anekdote aus dem Crazy Horse. Zu Zeiten seiner Sendung Nightclub sei das gewesen und er, Alfred, habe auf der Suche nach Artisten für seine Sendung wieder einmal den Stripclub in Paris aufgesucht. Etwas zu tief habe er ins Glas geschaut und einen Artisten für seine Sendung gebucht. »Als der dann in München eintraf und mit seiner Performance begann, war das grauenvoll. Den hatte ich mir einfach schöngetrunken.«
Dann beginnt die Show. Ein Engel schwebt von der Decke ein. Man sieht viele Federn auf der Bühne und Brüste. Die Menge jubelt. Dann kommen noch nackte Männerpopos hinzu. Ein Artist, der mit einem großen Jojo ein Solo hinlegt, versöhnt Alfred etwas. »Weltklasse«, sagt er. »Das konnten wir uns damals nicht leisten.«

Dann wieder Brüste. Wieder Federn. Klischees werden hier im Minutentakt nur so durchgejagt: der Wilde Westen, Ägypten, die Kreuzzüge, Indien. Alles dabei. Als dann endlich Pause ist, möchte Alfred nur noch nach Hause. Vor der Tür hat sich bereits eine riesige Schlange gebildet. Die zweite Show beginnt gegen Mitternacht.

Es ist Samstag. Der letzte Tag unserer Reise in die französische Hauptstadt. Wir wollen die wenigen Stunden nutzen, die uns bis zum Abflug noch bleiben. Nach Clignancourt soll es gehen. Zum Flohmarkt. Alfred war früher gerne dort. Gestöbert hat er da, wie er sagt, nach alten Möbeln. Gemeinsam mit einem Freund hat er dort viel gekauft. »Wir haben die Wohnung in Köln fast ausschließlich mit Möbeln aus Paris eingerichtet«, sagt er.

Die Straßen liegen leer und ruhig im Morgendunst. Das Schrubben eines Besens dringt aus einem Hauseingang hinaus. Ein Hund bellt. Am Boulevard Saint-Germain dann ist schon mehr Betrieb. Vor dem Café de Flore das immer gleiche Bild: Skurrile Figuren sitzen herum, rauchen schwarzen Tabak und diskutieren das Neueste vom Tage. Jeder Passant wird genau gemustert. Vielleicht ein Literat? Der Buchladen nebenan hat noch geschlossen. Am Place Saint-Germain macht sich eine Jazzband bereit. Wilde Gestalten, nennt sie Alfred mehr im positiven Sinne. Der Duft von Crêpes zieht durch die Straße.

In der U-Bahn nach Clignancourt dann ist es ziemlich stickig und eng. Die Menschen drängen sich in die bereits überfüllten Waggons. Alfred hat einen Platz für sich ergattert und studiert nun

seinen Reiseführer. Ein kleiner Hund setzt sich auf seinen Schuh. Alfred jedoch bemerkt das nicht. Das Stadtviertel Clignancourt ist ein einziger Rummelplatz. Es gibt hier drei Arten von Markt, sagt Alfred: den Flohmarkt, den Antikmarkt und den normalen Markt. Nach dem Pont de Clignancourt dann erstreckt sich der Flohmarkt beinahe meilenweit. Kurz noch sieht man Alfreds Haare im Gewühl aufblitzen, dann ist er über alle Berge. Von Geschäft zu Geschäft kämpft man sich hier durch die engen Gassen. Antike Uhren und Münzen werden verkauft, Stahlhelme und alte Klamotten. Alles liegt hier dicht an dicht beieinander in kleinen Hütten. Zinnsoldaten hier, Bücher dort. Es ist so viel, dass man jederzeit die Orientierung zu verlieren meint. Alfred taucht dann plötzlich wieder auf, an einem Art-Deko-Sessel stehend: »Davon habe ich auch einige in Köln.« Und er erwähnt noch, dass er seine Möbel hier immer mit Kreditkarte bezahlt habe. »Das denkt man hier nicht, was?«

Wir erreichen das »Chez Louisette«. Mitten auf dem Markt liegt dieses kleine Lokal. Proppevoll ist es an diesem Tag schon vor der Tür. Alfred quetscht sich in den Gästeraum. Wir hatten uns für den Tag unserer Abreise noch einmal mit den blonden Damen vom ersten Tag verabredet. Auch der Student ist mit dabei. Zwei Musiker sorgen für die richtige Stimmung. Meist traurige Lieder, Chansons und Tango spielen die beiden Männer. Der eine am Elektrischen Piano, der andere am Akkordeon. Eine dickere Frau singt dazu in ein reichlich übersteuertes Mikrofon. Alfred lobt die Stoffservietten. So etwas gebe es hier also auch, sagt er. Die österreichischen Damen empfehlen Muscheln und freuen sich über das Wiedersehen mit ihm. Sie machen Fotos von Alfred und von sich und dann auch von der Band. Eine Wahrsagerin im Blumenkleid bietet an den Tischen ihre Dienste an und die Bedienung hat eine viel zu laute Stimme. Es gibt Rotwein und alle paar Minuten muss man der Sängerin ein paar Münzen in den Topf schmeißen.

Insgesamt sind es fünf verschiedene Sängerinnen an diesem Tag, was die Sache mit dem Geld nicht leichter macht. Und auch ein Sänger ist engagiert, der aussieht wie einstmals Paul Getty. Mit viel Gel im Haar und einem schwarzen Anzug singt er »Mademoiselle de Paris«, und vor lauter Rührung hat er auch ein paar Tränen in den Augen.

Einen großen Abschied gibt es zum Schluss. Die Damen begleiten uns noch ein Stück in die Stadt hinein. Kurz darauf sind wir dann auch schon auf dem Weg zum Flughafen. Die U-Bahn wollten wir eigentlich nehmen. Doch ein unfreundlicher Taxifahrer, und da-

von gibt es nicht wenige in Paris, hat uns an einem verkehrten Eingang der Bahnstation abgesetzt und uns samt schwerem Gepäck in erhebliche Schwierigkeiten gebracht. Treppe rauf, Treppe runter. Schließlich nehmen wir doch ein Taxi.

Charles de Gaulle liegt vor uns. Die sonst meist verborgenen Randbezirke ziehen vorbei. Graue Betonklötze ragen aus der Landschaft. Eine Fabrik spuckt etwas Rauch aus ihrem Bauch. Trauriger Frohsinn möchte man fast sagen. Alfred schaut den vielen Wohncontainern hinterher, die die Straße stadtauswärts säumen. Eine uferlose Metropole, wie in so vielen anderen Großstädten auch. Das ganze Elend der reichen Welt wird hier sichtbar. Alfred schaut in die Dämmerung. Sein Leben ist eben anders verlaufen. »Reine Glückssache«, sagt Alfred.

# London

OOK RIGHT ist in großen Lettern auf
dem Boden zu lesen. Erst ein Pfeil, dann
die Buchstaben in fettem Weiß. Alfred Biolek
steht am Fußgängerübergang und schaut auf
den Verkehr. Nichts zu sehen. Kein Auto, kein
Motorrad, nichts. Sein Blick geht kurz nach
links, dann setzt er an zum Gehen. Whoam,
macht es plötzlich. Und noch einmal: Whoam.
Um Haaresbreite hätten die beiden von rechts
kommenden Fahrzeuge Bioleks Nasenspitze
mitgerissen. Seine weißen Haare wehen auf,
sein grünes Tweedjackett legt sich wie ein Vor-
hang nach hinten weg, als würde es für kurze
Zeit in der Luft stehen und fliegen. Look right,
look left – so richtig angekommen ist Alfred
Biolek noch nicht im britischen Linksverkehr.
»Die Autos hier«, sagt er dann, »völlig verrückt!«, und geht zwei Schritte nach hinten. Er
streckt die Hand aus, an der eine alte Papiertüte baumelt. »Wir nehmen ein Taxi!«, und im
selben Moment schon steht eine dieser nostal-
gischen Limousinen neben uns zum Einstei-
gen bereit. »To Sloane Square, please«, gibt ein

noch etwas verschreckter Alfred Biolek dem Fahrer durchs offene Fenster durch. Ein kurzes Nicken, dann dreht das Fahrzeug und fährt los.

Das Taxi rast am Hyde-Park vorbei. Die Bäume sind gerade noch grün, ein herbstliches Grün ist es bereits, ein Braungrün, und die ersten Blätter fallen vom Wind getragen weich auf die Gehwege hinab. Es ruckelt und wackelt im Taxi hin und her. Die Taxis sind hier härter als bei uns, und die Fahrer noch richtige Gentlemen, nicht selten auch im Anzug unterwegs. Biolek versucht jedenfalls, sich von der rasanten Fahrt nichts anmerken zu lassen. Gelegentlich hält er sich am Türrahmen fest, dann wieder am Sitzpolster. Noch mehr jedoch beschäftigt ihn, dass er noch keine Orientierung hat. »Ich habe hier so viele Erinnerungen, es hat sich auf den ersten Blick kaum etwas verändert. Aber ich weiß überhaupt nicht, wo wir

gerade sind.« Es liegt Wehmut in seiner Stimme. Und auch etwas Enttäuschung über sich selbst. Das könne doch nicht sein, meint er. Er versucht, die Straßenschilder beim Vorbeifahren einzufangen, tastet sich langsam heran: War das nicht..? Und dort, ja, das ist doch..?! »Ah«, sagt er dann glücklich, beinahe erleichtert, »Sloane Square, hier ist es!« Der Fahrer will wissen, ob er tatsächlich einfach hier halten solle, am Straßenrand. Ja, sagt Bio und nickt, bitte, einfach hier ran, hier kenne er sich bestens aus, und noch im Reden hüpft er vergnügt auf die schwer befahrene Straße. Sieben Pfund macht das, es ist billiger als gedacht, das Taxi in London, und dann marschiert Biolek auch gleich forschen Schrittes los. »Der Sloane Square, das ist einer meiner Favorites«, meint er und breitet die Arme wie zur Umarmung aus. Er wolle nun erst einmal die Gegend erkunden!

Zehn Jahre war Alfred Biolek nicht mehr hier. Er hat die legendären Swinging Sixties hier erlebt, und er war in den Achtzigern in London, als London noch das Nonplusultra der Musik- und Modewelt war.

Wir stehen am Sloane Square, dem Platz, an dem sich die Stadtteile Chelsea, Knightsbridge und Belgravia berühren und all die schicken Modeläden und die kleinen Cafés sind und ein Brunnen in der Mitte leise plätschert. Alfred Biolek saß damals gerne hier mit Freunden oder auch allein, trank einen Kaffee, las ein Buch und schaute den Menschen nach, die vorbeiliefen. Er zeigt dann auf das berühmte Kaufhaus Peter Jones. Eine Fassade wie aus den Sech-

# PONTEFRACT CASTLE

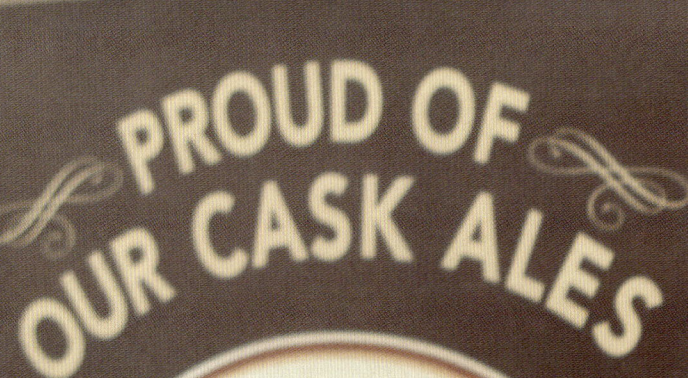

PROUD OF
OUR CASK ALES

FROM
£2.50
PER PINT

COME IN AND ENJOY
TODAY'S SELECTION

zigern ist das, ein bisschen Hertie vielleicht. «Unglaublich, wie die Vergangenheit hier aufsteht«, sagt er und blickt die siebenstöckige Fassade hinauf, bis ihn ein unfreundlicher Fußgänger mit einem kräftigen Rempler wieder ins Jetzt befördert.

Die King´s Road liegt zu unseren Füßen. Es ist eine Straße mit kleinen alten Häusern, die dem Besucher ein typisches und beinahe klischeehaftes Londonbild vermitteln. Backsteinhäuser sind das mit winzigen Fenstern und bunten Eingängen in Gelb, Rot und Blau. Alfred Biolek schaut interessiert in die kleinen Läden, Schmuck, Mode und viele Handys werden hier verkauft. Und beinahe jede von Biolek entdeckte Veränderung wird tatkräftig kommentiert. Bio lobt die Individualität der Straße, die sie in seinen Augen schon immer ausmachte. An einem Schaufenster mit der merkwürdigen Aufschrift tullomarshallwarren bleibt er plötzlich stehen: »Was ist das denn da?«, entfährt es ihm ruckartig. Im Schaufenster liegen Schallplatten, und auf einem Fernseher läuft ein Künstlervideo. Eine Puppe ist auch noch zu sehen und Kleinkram liegt verstreut umher. Was das denn da nun im Schaufenster aber schließlich ist, das kann dann doch nicht geklärt werden, und so geht es weiter die King´s Road entlang, bis wir an einen Pub kommen. »Chelsea Potter« steht groß darüber, goldene Buchstaben auf schwarzem Grund. »Das wollen wir uns doch mal ansehen!« Ein englisches Bier will Alfred gerne trinken, zum Anwärmen sozusagen.

Der Pub ist um die frühe Nachmittagszeit schon gut gefüllt. Viele Menschen mit rotblondem Haar und langen Gesichtern stehen hier im Raum verteilt, Männer wie Frauen. Alfred bemerkt, dass wohl vorwiegend Briten diesen Pub aufsuchten. Kaum Touristen, sagt er noch. Eine undefinierbare Vielzahl von Biersorten schmückt die Theke, von hell bis dunkel, von schwach bis stark. Alfred bestellt Bier mit Champagner. Ganz typisch, sagt er noch und erzählt, dass er das oft in London getrunken habe. Der Barmann aber schüttelt den Kopf, nein, das hätten sie nicht. Alfred protestiert: ob er das denn nicht kenne und wie das sein könne. Oder, wenn er es schon nicht kenne, ob er es dann wenigstens zubereiten könne. Nein, von diesem Getränk habe er noch nie gehört, sagt der Tresenmann etwas genervt. Und Champagner, das hätten sie hier gar nicht, auch keinen Sekt. Also ein stinknormales Bier grummelt Alfred seine Bestellung raus. Positiv bemerkt er aber dann, dass es heute hier auch ein ganzes Weinregal gebe und man sogar einzelne Gläser bestellen könne. »Das gab es damals in den Sechzigern noch nicht. Undenkbar!«

»Wann bist du eigentlich auf den Wein gekommen? Als Student warst du ja doch eher der Biertrinker.«

»Ich habe Wein schon immer gerne gemocht. Aber zum echten Weinkenner bin ich dann durch Alfredissimo geworden. Ich habe in den zwölf Jahren dieser Sendung weltweit 96 Weingüter besucht!«

Und du warst auch immer schon der Weißweintyp?

»Ganz im Gegenteil. Ich habe mich schon immer als Rotweintypen bezeichnet. Ich trinke Weißen und Roten, bin aber ein Rotweintyp.«

Wie meinst du das?

»Weißweintypen sehen schön aus, werden überall hofiert, kriegen in der Jugend schon tolle Posten. Und oft haben die dann im Alter nicht mehr den Zuspruch. Und Typen wie ich, die in der Jugend nicht sehr attraktiv waren, die reifen mit dem Alter. Meine große Zeit kam erst mit dem Älterwerden. Und das ist beim Rotwein auch so.«

Alfred Biolek wirkt zufrieden mit einem Bier in der Hand im Pub. Große Fensterfronten lassen die Herbstsonne herein, kein Rauch vernebelt den Blick mehr nach draußen. Nach Irland und Schottland war England eines der ersten Länder in Europa, die das Rauchverbot einführten. Neben uns beißt ein Polizist genüsslich in sein saftiges Steaksandwich, gleich daneben ein Vater mit Kind. Durch die schlechten Lautsprecher erklingt »The Look Of Love« von ABC. Nur ein verlassener Spielautomat blinkt traurig bunt vor sich hin als Zeuge einer längst vergangenen Zeit.


Schwere Londonbusse schleppen sich mühevoll durch die enge King´s Road. Wir schlendern wieder zurück in Richtung Sloane Square. An der Saatchi Gallery kommt Alfred zum Stehen. Einen Kaffee würde er gerne noch nehmen. Und in seinen Londonführer schauen, denn noch immer hat er kein rechtes Stadtbild vor Augen, was ihn doch sehr zu beschäftigen scheint. Das zur Gallery gehörende Café »Mess« hat draußen Tische und Stühle aufgestellt, ruhig und freundlich liegt es da, in Sichtweite der Sportplatz einer Schule. Kinder in einheitlichen Turnoutfits drehen ihre Runden. Alfred beginnt zu erzählen; von den Sechzigerjahren in London und von seiner Prägung durch diese Atmosphäre damals. Mitte der Sechziger sei er zum ersten Mal hier gewesen. Ein enger Freund habe hier gelebt, in einer WG, zusammen mit einem Verwandten von Winston Churchill, wie er nicht ohne Stolz berichtet. »Neffe, Cousin, irgendwas – aber auf jeden Fall verwandt«, sagt Alfred auf Nachfrage. Hier, in Chelsea, hätten die beiden ein Haus gehabt, unterschiedliche Zimmer, aber eine große gemeinsame Küche und einen großen Salon. »Verrückt!«, sagt Alfred. Und er habe für eine Woche dort sogar mal mitwohnen dürfen. Jeden Abend sei man ins Musical gegangen oder in die »Black and White Minstrel Show«, eine Stand-Up-Comedy mit Musik und Varieté. Und vorher habe man gemeinsam gekocht, man habe Shrimps bei Harrods gekauft und Fleisch mit allem, was dazu gehört. Alle hätten tolle Anzüge getragen. »Ich kam gerade aus dem engen Mainz, und dann das«, erinnert er sich. Er habe damals eine neue Lebenskultur für sich entdeckt, eine neue Welt. »Die Stadt war völlig unkompliziert. In Österreich und in Deutschland war der Blick auf Tradition und Geschichte durch Hitler und den Holocaust noch völlig verstellt. In London habe ich zum ersten Mal erfahren, wie stolz man auf die eigene Geschichte sein kann. Auf die Geschichte einer früheren Weltmacht. Diese Grandezza hat mich unglaublich geprägt!«

Nun sitzt er hier, 40 Jahre danach, und fährt mit dem Zeigefinger über sein London, das auch heute noch eine faszinierende Weltstadt ist. Gleich zwei Stadtpläne hat er auf dem Tisch vor sich ausgebreitet und vergleicht nun die Straßen miteinander, als würde sich ihm dadurch das Stadtbild schneller vermitteln. Seine Brille

hängt auf halbacht, die Beine hat er unterm Tisch etwas umständlich zusammengeknotet. Am Nachbartisch hocken zwei Herren
mit Schnauzbart und Hund und beobachten das Treiben interes-

siert. Dann blickt Alfred aus seinen Plänen wieder hervor, den Finger fest auf einen Punkt gepresst und sagt: »Ja, den Uli, meinen Freund, den sollten wir heute Abend vielleicht im Hotel Brown´s treffen. Das ist dieses tolle Hotel beim Piccadilly. Ich würde gerne mal sehen, ob es den Tea-Room dort noch gibt.«

Etwas zu früh sind wir an diesem Abend hier. Wir gehen um den Block, noch etwas die Beine vertreten. An der Piccadilly laufen wir an der Royal Academy of Arts vorbei. Eine große Bibliothek ist in schummrigem Licht erkennbar. An den Fenstern sitzen Studenten mit ihren Professoren und tauschen sich aus. Romantisch findet Alfred das und guckt sich alles interessiert an. Er sei immer gerne Student gewesen, sagt er und geht weiter. An einem Herrenausstatter bleibt er kurz stehen, schaut sich im Schaufenster die Tweeds an. Dann sitzen wir auch schon im Brown´s. Den Teeraum gibt es noch immer, und auch Uli ist gekommen in den schicken Londoner Stadtteil Mayfair. Uli, das ist Ulrich Engler, ein Edelschneider, ursprünglich aus Wuppertal stammend, der im Alter von 19 nach London kam für ein halbes Jahr nur, dann aber doch nie abgereist ist. Als wir eintreffen, sitzt Ulrich Engler bereits mit übergeschlagenen Beinen auf einem grauen Flanellsofa in der Hotelbar, die den Namen »Donovan Bar« trägt. Engler trägt ein weißes Hemd und eine graue Stoffhose und eine Flohmarktweste, wie er auf Bios Nachfrage später erzählt. Er ist ein schüchterner Mensch, sehr nett, beinahe putzig in seiner Liebenswürdigkeit. Alfred und er kennen sich durch einen gemeinsamen Freund aus Köln. Engler trinkt Gin Tonic und sieht dabei ein wenig aus wie Giovanni di Lorenzo von der ZEIT mit großen braunen Augen. Alfred trinkt Weißwein und erzählt von seinen Erlebnissen: von Wien und von Tschechien, wie es zu diesem Buchprojekt kam und was ihn mit London verbinde, die Sechziger und dann die Achtziger natürlich. 1970 wechselte er vom ZDF aus Mainz nach München zur Bavaria, er verbrannte all seine Krawatten, kaufte sich Schlaghosen und schwarze Lederjacken. Plötzlich trug Biolek offene Hemden mit hohen Kragen, dunkle Pilotenbrillen und lange Haare mit beachtlichen Koteletten bis fast in den Mund hinein. Damals, das kann man wohl so sagen, erfand sich Alfred Biolek neu. Erst im Geiste für sich, später dann auch nach außen. »Das hätte ich nie hingekriegt, wäre ich damals nur in Mainz geblieben«, sagt er dann. Als stellvertreter Unterhaltungschef noch beim ZDF Ende der Sechziger, da habe er zwölf Redakteure unter sich gehabt. Und er sagt, er hätte sie sicher nicht so führen können, hätte er diese Prägung durch London nicht gehabt. Vor allem aber der englische Humor habe ihn sehr beeinflusst. »London war einfach eine Weltstadt – ich hab´s gespürt, ich hab´s gerochen, ich hab´s geschmeckt. So etwas gab es bei uns in Deutschland einfach nicht. Und dieses Gefühl habe ich später auch auf meine Arbeit übertragen; dass ich englische Comedy-Regisseure engagiert habe, dass ich die Monty Pythons nach Deutschland geholt habe – das war alles meine Begeisterung für diese Stadt.«

Die Bar ist schick und grau und an den Wänden hängen Schwarzweißfotos von Menschen mitten aus dem Leben. Es sind Schnappschüsse, die eine Geschichte erzählen. Auch Ulrich Englers Geschichte könnte hier hängen; wie er hier ankam in London, mit nichts, wie er sagt. Nicht einmal Englisch konnte er. Gerade mal Yes und No habe er sagen können. Er hatte kein Geld und auch keine Freunde in der Stadt, die zu Fremden nicht immer nett ist. Fünf Jahre habe er gebraucht, bis er Anschluss gefunden habe. Und heute schneidere er Damenkleider für die Upper Class. Und für wen er denn heute Kleider mache, ob er denn auch Namen nennen könne, will Biolek dann wissen. Engler weiß, dass das nicht gut ist für sein Geschäft. Ein paar Namen unbekannter Prinzessinen aus der dritten Reihe nennt er dann. Schließlich bremst er sich selbst und lacht – und schweigt.

Ulrich Engler hat Hunger bekommen von den vielen Geschichten und lädt uns ins Bocca di Lupo ein. Es sei nicht einfach, ein gutes Lokal zu finden in London, wo man sich auch einigermaßen normal unterhalten könne, sagt er. Das Bocca di Lupo liegt im Londoner West End, mitten in Soho. Wir sollten mit dem Taxi fahren, sagt Engler, weit sei es nicht, aber zu Fuß vielleicht doch. Er würde mit seinem Rennrad folgen. Keine fünf Fahrminuten mit dem Auto entfernt, ein paar enge Gassen später, dann stehen wir auch schon vor dem Lokal. Es ist berstend voll, die Warteliste für einen Tisch ist lang. Alfred ist froh, dass Engler reserviert hat. »Doll«, sagt Alfred nur. Er ist ein Meister der Verknappung. Ein Wort von ihm kann das Wissen und die Einsicht eines ganzen Lebens erzählen. Am Tresen sitzen dicke und dünne und kleine und große Frauen und Männer eng nebeneinander und stoßen dem Nachbarn beim Essen in die Rippen. Engler verspricht gutes Essen für wenig Geld. In London eine Rarität, sagt er noch. »Obwohl es der Engländer gern preiswert mag!« Dann sitzen wir auch schon an einem großen Tisch, man serviert uns ein Schälchen mit Olivenöl und Brot, und wir können bestellen. Italienische Antipasti bekommt man hier und Alfred ordert kräftig und gleich für alle mit: Wurst und Käse, Schinken und Risotto, Meeresfrüchte und Püree und so weiter und so fort. Und dann noch eine Flasche Wein, weißen, Sauvignon Blanc. Das Essen schmeckt Alfred sichtlich. Dann aber findet er es hier zu laut und hört nur noch mit halbem Ohr zu. Man könne kaum etwas verstehen, sagt er, sein Ohr zu Uli streckend. Engler beteuert erneut, dass das hier schon eines der leiseren Lokale sei.

Das aber kommt bei Alfred dann schon nicht mehr an. Seine Ohren hat er auf Durchzug gestellt, das kann er gut, wenn´s ihm zu anstrengend wird. Er arbeitet sich jetzt einsam an einem Wurststück ab und gibt genießerische Laute von sich: Mhh! und Mhhhh! macht er. Dann erhebt er sein Glas zum Toast. Auch Engler erhebt das seine und schaut sich verschämt um. In England, sagt er dann, da stoße man nicht an. Man würde sich lediglich zuprosten. Aber das ist Alfred jetzt egal, und die Gläser klirren aufeinander, und der Abend endet fröhlich und feucht.

20 Grad sind es in London, so kündigt es die Temperaturanzeige an der Oxford Street an diesem Morgen an. Die Sonne greift bereits mit vollen Händen nach der Stadt. Als Kontinentaleuropäer überlegt man nun, ob die Hose nur mit einem leichten Hemd nicht doch vielleicht zu kalt sein könnte. Der Engländer hat da eh ganz andere Toleranzgrenzen. Alfred Biolek hat sich an diesem Tag für eine lange Wollhose und ein dickes Sakko entschieden. Darunter ein Hemd und unterm Hemd noch ein T-Shirt. »Im Alter werde ich immer frösteliger«, sagt er dann. Das Frühstückscafé um die Ecke ist gut gefüllt, und Alfred möchte nach dem Breakfast gerne eine Stadtrundfahrt mit dem Londonbus machen. Um erstmal wieder in die Stadt reinzukommen, wie er meint, denn eigentlich sei das nichts für ihn, eingequetscht inmitten aufgeregter Touristenmassen, mit Stadtführer und allem Drum und Dran. Und etwas peinlich ist es ihm dann doch, als wir in der Schlange stehen, mit unseren »Big Bus«-Tickets für 24 Pfund pro Person in der Hand.

Neugierig beobachtet Alfred das Treiben am Marble Arch. Neben ihm pickt sich eine Taube durch die Essensreste. Ein Einweiser des »Big Bus«-Unternehmens trägt einen viel zu großen Anzug und eine Schaffnermütze auf dem Kopf. Dann hält der Bus, und Alfred eilt hinein. Ganz hinten sitzt er dann, oben auf dem Bus. Touristen wollen immer vorne sitzen, meint Alfred. Dann steckt er sich seine Kopfhörer in die Ohren – »hält nicht bei mir!« –, dreht seine Schiebermütze in die entsprechende Position und schaut raus. An

uns ziehen die schweren Gebäude der Gloucester Road vorbei, die Stimme im Ohr sagt, dass parallel die berühmte Baker Street verlaufe, Sherlock Holmes und so weiter. An der Bahnstation Baker Street kommt der Bus zum Halten. Es dauert, und dauert, und es dauert Alfred viel zu lange. »Fahr doch weiter«, meckert er von hinten drauf los. Und als der Fahrer dann noch hochkommt und Dinge in eigener Sache an die Touristen verkaufen will, da reißt ihm für einen Moment nur die Geduld. »Shut up!«, platzt es aus

ihm raus, und die Menschen drehen sich um. Der Fahrer jedoch lässt sich nicht aus der Ruhe bringen, tut seine Pflicht und erst dann fährt er weiter. Der Verkehr in London ist unerträglich. Reihenweise überholen uns die Fußgänger nun, Alfred wird unruhig, aus den billigen Kopfhörern dröhnt »Night of the Promps«-Musik. An der Regent Street ist dann Schluss. Alfred möchte raus. Er will zu Fuß weiter. Das hier ist nichts für ihn und es kommt ihm vor, als sei früher London nicht ganz so überlaufen gewesen.

Vor uns liegt St. Martin in the Fields, die Gemeindekirche des

Buckingham Palastes, die für so unzählige Gotteshäuser in der Neuen Welt Modell gestanden hat. Biolek lässt den Blick über den Trafalgar Square schweifen. Drei aufgeregte Touristinnen mit Butterbroten in der Hand erkennen Biolek noch auf den schweren Treppen zur National Gallery und winken. Unten, am Nelson-Denkmal, da ist ein monströses Schachspiel aufgebaut. Bio geht nun ein bisschen langsamer, bereitwillig lässt er sich bestaunen, von den Touristinnen mit den Butterbroten, und von allen anderen auch. Dann ziehen wir weiter zum Covent Garden.

Hier sind die großen und kleinen Bühnen der Stadt zu Hause. An der National Opera bleibt Alfred stehen. Hier, sagt er, hier habe er viele, viele Stücke gesehen. Auf Englisch natürlich, das streicht er besonders heraus. »›Die Fledermaus‹ fand ich besonders toll!« Für einen kurzen Moment schwelgt er in seinen Erinnerungen, blickt ins Foyer, schaut die Damen an der Kasse an. In der Hand hat er seinen Reiseführer. Für alle Fälle, man weiß ja nie. Bio biegt in eine kleine Gasse, keine zwei Menschen passen hier nebeneinander, so eng ist es. Kreative haben hier ihre Ateliers. »Ich habe das Viertel geliebt!«, sagt er, begeistert in eines der kleinen Fenster spähend. Ein paar Gassen und Straßen noch, dann erreichen wir den Applemarket.

Ein Alleinunterhalter mit einem Mikrofon bespielt eine monströse Menschentraube. Männer

stehen im Kreis und lassen sich vorführen, was dem Publikum gefällt und zu Alfreds Erstaunen den Opfern selbst auch zu gefallen
scheint. »Komm«, sagt er dann, »hier bleiben wir und essen ein
Pasty.« Es ist voll und heiß und hinter uns beißt sich ein Press-
lufthammer gerade durch das historische Kopfsteinpflaster. Alfred
stört das alles nicht. Er zeigt in Richtung Themse und erzählt vom
Savoy Hotel, das unweit von hier liege, ein paar Meter vielleicht,
wo er zum ersten Mal Esther und Abi Ofarim live gesehen habe.
»Spektakulär, sag ich dir, spektakulär!«
Langsam wird es dunkel über der Stadt an der Themse. Es ist später
Nachmittag oder bereits früher Abend. Es soll heute noch ins Thea-

ter gehen. Alfred Biolek hat sich mit einer Bekannten verabredet, Frau Riley heißt die Dame, die für uns alle Theaterkarten besorgt hat. Einen Brief hatte sie Alfred bei der Ankunft aufs Zimmer legen lassen und einen Strauß Blumen. Sie hatte geschrieben, dass sie sich sehr auf den gemeinsamen Abend freue und dass das Stück, das man gemeinsam nun sehen wolle, »An Inspector Calls« heiße, und als sie dann vor Alfred steht, da ist sie glücklich, ihn zu sehen. Auch Alfred freut sich sehr, weil er »An Inspector Calls«, ausgerechnet!, schon als Student mit seiner Theatertruppe aufgeführt habe. Und nun das, so viele Jahre später, das sei doch allerhand.

Zwei große schwarze Wagen hat Frau Riley für den Abend organisiert, mit eigenen Fahrern und komfortablen Ledersitzen. Ins Hotel »One Aldwich« geht es dann zunächst. Hier treffen wir noch auf zwei Freunde Rileys, ein Londoner Ärzte-Ehepaar, sie Dentistin, er Psychotherapeut. Ein schöner Tisch steht bereit für den Aperitif, das Paar trifft etwas später ein. Biolek erzählt dann, wie sie, Frau Riley, und er sich kennengelernt hätten. Riley habe ihn etwa vor zehn Jahren schriftlich kontaktiert, ihr Mann sei Banker und sie wolle mit einflussreichen Bekannten ein Essen veranstalten, um Gelder für Bioleks Afrika-Stiftung zu sammeln. Biolek war begeistert und sagte zu. Viel Geld sei dabei zusammengekommen. Und seither seien sie einander sehr verbunden.

Dann kommt das Ehepaar. Wie so viele in London indischer Abstammung, er in feinem Kaschmirmantel und mit Melone auf dem Kopf, sie hinter ihrem Mann in ein elegantes Abendkleid gehüllt. Very british alles. Man beschnuppert sich, der Psychotherapeut fragt Bio über seine Fernsehkarriere aus. Und Bio erzählt von seiner Zeit als Moderator, von Boulevard Bio und von Alfredissimo, von Bios Bahnhof und Mensch Meier. Und er erzählt von Monty Python. Nach Deutschland habe er die Pythons geholt, und das sei gar nicht so einfach gewesen. Er habe einige Gin Tonic ausgeben müssen in einer Bar in London, und die Pythons hätten kräftig mitgetrunken. Aber eigentlich hätten sie große Vorbehalte gehabt und nicht nach Deutschland gewollt. »Als ich dann zur Toilette ging zum Pinkeln, da stellte sich Michael Palin neben mich ans Pissoir und sagte nur: We´ll make it!« Für eine Woche seien sie dann nach Deutschland gekommen, zum Gucken.

Es ist kurz nach sieben, und das Novello Theater gegenüber platzt bereits aus allen Nähten. Am Eingang drängen sich Damen und Herren und ganze Schulklassen über den plüschig roten Teppich ins Foyer hinein. Biolek gibt seinen Trenchcoat ab und bahnt sich seinen Weg in den Zuschauerraum. Der Raum ist klein, sehr klein. Und der Raum ist sehr golden. Und würden nicht die roten bepolsterten Sitzreihen das Parkett durchkreuzen, man käme sich vor wie im Innern einer überdimensionierten Mozartkugel. Dann geht sie auch schon los, die preisgekrönte Inszenierung von Starregisseur Stephen Daldry. Typisch englisches Theater ist das, ein Kammerspiel mit fester Kulisse und antiquierten Stilmitteln, die das Spiel umso eindringlicher machen. Es geht um eine Familie, die Schicht um Schicht zerbröckelt an ihrer fehlenden Courage, bis dann schließlich nichts mehr von der teuren bürgerlichen Fassade übrig bleibt. Die Familie ist die Gesellschaft, eine durch und durch egoistische und eine kaputte Gesellschaft, in der Status und Geld alles sind. Eine deftige Moralpeitsche, ein Stück mit tödlichem Ausgang und genialer Pointe. Auch 60 Jahre nach seiner Uraufführung ist dieses Theater noch immer aktuell. Am Ende gibt es tosenden Applaus, die Jugend sogar kreischt vor Begeisterung. Zu Recht, wie Alfred meint und Frau Riley und das Ärzte-Ehepaar auch. »Ich wusste noch alles. Ich kannte jede Pointe«, sagt Alfred Biolek, als wir dann wieder auf der Straße vor dem Theater stehen und uns ein frischer Wind um die Köpfe streicht.

Dann geht es noch zum abschließenden Abendessen. Frau Riley hat etwas ganz Besonderes arrangiert. Ein Tisch im Mosimann´s ist von ihr bestellt worden, und mit versammelter Mannschaft besteigen wir die wartenden Limousinen. Alfred kennt das Mosimann´s vom Hörensagen. Berühmt sei das, ganz berühmt. Prinz Charles würde man hier regelmäßig antreffen und auch sonst viele Menschen der Londoner Upper Class, sagt er. Frau Riley ist seit vielen Jahren Mitglied im Mosimann´s, ansonsten wäre der Zutritt hier auch nicht gestattet. Das Gebäude ist eine umgebaute Kirche, von außen erkennt man noch den Turm, die typische Architektur. Drinnen ist alles vertäfelt, und überall hängen Portraits von Anton Mosimann, einem Schweizer Koch mit großen Gesten. Seit einigen Jahren schon hat er dieses exklusive Lokal im Stadtteil Belgravia. Die Kellner sprechen überwiegend Deutsch, Englisch sowieso, und die Handtaschen der Damen bekommen hier einen extra Stuhl. Es ist alles sehr fein und sehr teuer, und nachdem wir unseren Wein bestellt haben und das Essen, nähert sich der Geschäftsführer mit einem eingerahmten Bild. Alfred Biolek und Caterina Valente sind darauf zu sehen und dazwischen mit siegessicherem Lächeln Anton Mosimann. Alfred ist begeistert. Auch der Psychotherapeut ist sichtlich beeindruckt davon und seine Frau möchte das Bild auch noch sehen. Dann erzählt Biolek von seinem London und davon, dass er in den Achtzigern sogar mal eine Wohnung hier gemietet habe. Drei Jahre lang. In Chelsea. Ein Freund habe darin gewohnt.

Dann berichtet der Psychotherapeut von seiner Leidenschaft fürs Joggen. Jeden Morgen stehe er bereits um fünf auf, und dann laufe er anderthalb Stunden um den Regent-Park. Seiner Frau scheint das alles etwas peinlich zu sein. Und auch Alfred hat für frühes Aufstehen nichts übrig und für Sport schon gar nicht und so widmet er sich einem Zahnstocher. Die Gespräche geraten etwas ins Stocken, es ist nun auch schon spät. Alfred schlüpft in seinen Trenchcoat, der Psychotherapeut setzt seine Melone auf und man verabschiedet sich höflich.

Von Weitem hört man das morgendliche Glockenläuten des Kaufhauses Selfridges. Einmal, zweimal, noch ein drittes Mal. Biolek hat an einem kleinen Tisch am St. Christophers Place unweit unseres Hotels Platz genommen, zwischen Oxford Street und Regent´s Park. Ein deftiges Frühstück hat sich da ein hungriger Alfred Biolek bestellt, Ei und Schinken und ordentlich Weißbrot dazu. »Frühstücken«, sagt er dann, »das konnte man schon immer gut in London!«

Es soll an diesem etwas bewölkten Tag zur O2-Arena gehen. Der Psychotherapeut hatte uns den Tipp gegeben. Eine Fahrt mit dem Boot sollten wir unbedingt machen, vom East End zur Tate Modern. Das würde sich lohnen, hatte er gesagt. Wir wollen ein Taxi nehmen, denn für die U-Bahn ist es Alfred dann doch etwas zu weit. Die Stadt zieht an uns vorbei, das British Museum, die Upper Thames Street, Tower of London. Alfred wird unruhig: »Das ist ja

ziemlich weit draußen!« Wir verlassen den Stadtkern, die Häuser werden provinzieller, am Ufer der Themse tauchen nun alte Werkstätten auf, verlassene Grundstücke. Und dann zieht auch East End an uns vorbei, auf der linken Seite, das ehemalige jüdische Viertel um die Whitechapel Road, heute Anlaufpunkt für das neue London. Die Fahrt dauert bereits dreißig Minuten, dann reißt es Alfred Biolek aus seinem Sitz: »Wo fährt der denn hin?«, ruft er in Richtung Fahrerkabine, die durch eine Plexiglasscheibe von den Fahrgästen getrennt ist. »Where are you going? Das kann doch nicht sein?! Schau mal, wo wir hier sind!« Ob das noch London sei, fragt er. »50 Euro sind das schon auf seinem Tacho«, stellt er fest. »Weiß der überhaupt, wo das ist?« Der Taxifahrer versteht kein Wort, ist jedoch durch Alfreds Spektakel auf dem Hintersitz merklich verunsichert. Doch zum Glück hat London die wohl freundlichsten Taxifahrer, und so bewahrt unser Chauffeur britische Gelassenheit. Er beruhigt Biolek, gleich sei man da, sagt er. Nur noch die Brücke! Und tatsächlich, die Fahrt endet an der O2-Arena in North Greenwich, mit großem Trara.

Biolek möchte jetzt nur noch zurück in die Stadt. Er habe doch einige Bedenken nun, ob wir die Tate vor Einbruch der Dunkelheit noch erreichen würden. »Das ist doch sehr weit draußen hier.« Aber als wir auf dem Boot sind und endlich losfahren, da entspannen sich seine Gesichtszüge. Mit voller Kraft rast der Katamaran in Richtung London City. Es tröpfelt etwas vom Himmel und an den Ufern sieht man Bagger und Kiesberge vorbeiziehen. Dann, langsam, tauchen die ersten Häuser wieder auf. »Gott sei Dank fährt dieses Schiff so schnell«, sagt Alfred. Das alte London blitzt zwischen den gläsernen Hochhäusern hervor, mehrfach halten wir an, mal an dem einen, mal am anderen Ufer. Es ist eine schöne Fahrt durch ein unbekanntes London. Man kann kleine Oasen entdecken, kleine Gärten, die nur von hier aus zu sehen sind. Eine Geschwindigkeitsanzeige gibt 50 Km/h an. Und es ist plötzlich, als stehe diese Fahrt metaphorisch für Alfreds gesamtes Leben, mit

Vollspeed voraus, langsam geht nicht. Geschwindigkeit bestimmt sein Leben.

»Ja«, sagt er dann, »das stimmt. Es muss immer was passieren.«

Hast du Momente, wo du mal innehältst?, frage ich.

»Selten, ganz selten. Ich langweile mich dann sehr schnell.«

Ist das ein Zustand, der dir Angst macht?

»Natürlich. Stillstand würde ich nicht ertragen. Das ist auch die Angst jetzt im Älterwerden, dass nichts mehr kommt.«

In Bankside dann steigen wir aus. Die Promenade ist gut besucht. Das Shakespeare´s Globe Theater liegt direkt am Ufer, gleich daneben das ehemalige Heizkraftwerk der Stadt und das heutige Museum mit Weltruhm: die Tate Modern. Aus einem Kleintransporter verkauft jemand Softeis. Alfred blickt die mächtige Backsteinfassade des Museums hinauf. Ein großes Plakat prangt an der Wand, darauf die Ankündigung einer Per Kirkeby-Ausstellung. Biolek schlägt vor, einen Tee im oberen Stockwerk des Gebäudes zu trinken. Eine gute Sicht habe man da, das wurde ihm gesagt.

Ein Fahrstuhl bringt uns in den siebten Stock, eng ist es und neben Alfred steht ein Mann mit sehr langer Nase und einer unkonventionellen Frisur. »Hier in London gibt es nicht nur hübsche Männer, sondern auch skurrile!« Dann blickt er wieder auf den Boden, bis wir das siebte Stockwerk erreicht haben. Die Sicht ist tatsächlich atemberaubend. Vor einem liegen die Millennium Bridge und die St. Paul´s Cathedral und die gesamte Londoner Innenstadt mit ihren unzähligen, in alle Richtungen strebenden Menschen. Hier oben ist es ganz ruhig, kein Geräusch dringt hinauf, das Treiben der

Millionenstadt bleibt hier abstrakt. Alfred kramt aus seiner kleinen Papiertüte die Süddeutsche Zeitung hervor, einen schwarzen Tee hat er sich bestellt, ganz englisch in einer Kanne und nicht aus dem Beutel, wie er betont. Schon sitzt er da, weit, weit weg, vertieft in seine Lektüre. Nach einiger Zeit dann sagt er: »In London bin ich auf Tee gekommen, weil der Kaffee hier immer so schlecht war.« Und nach einer weiteren Pause: »Vorhin, als ich im Taxi etwas lauter wurde, würdest du sagen, dass ich cholerisch bin?«

Ich würde jedenfalls sagen, dass das nicht ohne war!

»Aber meine Aufregung löst sich dann auch schnell in Wohlgefallen auf«, setzt Alfred nach.

Wie war das denn während einer Fernsehproduktion? Das ist doch viel Stress?!

»Ich konnte mich unheimlich über technische Pannen aufregen. Nie über die Redaktion, aber über die Technik. Ich hab das dann heftig rausgelassen und mich schnell wieder beruhigt. Mein Vater ist ja an einem Herzinfarkt gestorben, weil er das nicht konnte.«

Auf den Wellen der Themse schaukeln kleine Boote auf und ab, Müll treibt trübe die Strömung hinunter. Wir setzen an das andere Ufer über, zur Tate

Britain. Eine Art Badewanne ist dieses Boot. Es spritzt gewaltig und rüttelt und schaukelt. Bis zum späten Nachmittag hin fällt der Regen wie Fäden vom Himmel.

Es zieht uns nach Soho. Alfred hat für später einen Tisch bestellt im IVY. Ein Restaurant, das er vor vielen Jahren gerne mit seinen Freunden, dem Ehepaar Renate und Fritz Gruber, besuchte. Der Regen hat sich gelegt, aber die Straßen sind noch nass und die tausend bunten Lichter der Stadt spiegeln sich auf dem Asphalt. Soho

ist übervoll, Jugendliche und Studenten stehen vor den Pubs bereits Schlange, Kollegen aus den umliegenden Büros kehren hier noch in Gruppen auf ein Feierabendbier ein. Hier ist die Schwulen- und Lesbenszene zu Hause, edle Restaurants und Sexshops liegen Tür an Tür. Soho, im Londoner West End gelegen, das ist Versuchung und Inspiration und Mythos zugleich. Hier hat Brecht auch seine Dreigroschenoper spielen lassen. Alfred Biolek schaut sich um und nennt das alles eine »Wahnsinnsmischung«. Früher sei er oft hier ausgegangen. Mit Freunden und Bekannten. Immer traf man hier jemanden, und für Bio machte Soho auch einen beträchtlichen Teil seines neuen Lebensgefühls aus. »London war wie ein Dosenöffner für mich. Von der Bürgerlichkeit ins wahre Leben. London war mein Befreiungsschlag, der mich bis heute über alle Maßen prägt.« Wir stellen uns auf die Straße vor ein Pub, Alfred geht an den Tresen und ordert Getränke. Mit zwei Bieren kommt er zurück, und mit Weißwein für sich. »Für die Atmosphäre zahle ich einen hohen Preis«, sagt er: »Pinot Grigio!« Wir gehen die Straßen ab, ein bisschen Zeit haben wir noch bis zum IVY. Der Koberer eines Striplokals will Biolek mit nackten Damen locken. Nein, sagt er zunächst. Und dann: Warum denn eigentlich nicht?! Und als er schließlich eintreten will, da wird er gleich zur Kasse gebeten. 15 Pfund soll das Bier am Tresen kosten, gucken inklusive, Verzehr natürlich Pflicht. »Fünfzehn Pfund für einen Busen?«, fragt Bio erstaunt. Nein, das sei ihm der Spaß dann doch nicht wert. Ein paar Schritte weiter entdeckt er einen Sexshop mit Kunstbänden von Terry Richardson im Schaufenster. »Schön«, sagt er und: »Ich gehe mal rein!« Er kramt und wühlt sich durch die Bücher, er schaut sich Postkarten an mit eindeutigen Motiven und kommt mit einem Lächeln wieder raus. »Die Welt ist verrückt, sag ich dir! Verrückt!«

Kurz darauf stehen wir im IVY. Das Lokal, eine Londoner Institution, sieht auf den ersten Blick aus wie ein Hamburger Fischrestaurant. Eichenvertäfelung und ein schon in die Jahre geratener grauer Teppich. Und Alfred erinnert sich, dass er hier mal neben Joan Collins saß. »Direkt am Nachbartisch saßen wir und ich konnte nicht aufhören, zu ihr rüberzuschauen. Mein Freund sagte dann, dass ich mich benehmen würde wie sonst meine eigenen Fans, wenn sie mich irgendwo sitzen sehen.« Das sei ihm erst gar nicht aufgefallen und dann unheimlich peinlich gewesen.

Wir nehmen Platz an einem reich gedeckten Tisch. Drei verschiedene Gläser vor jedem Teller, eingerollte Servietten mit dem Logo des Lokals, Blumen. »Ich hab was ganz anderes erwartet, schickimicki und so«, sagt ein erstaunter Alfred Biolek. »Aber das ist es ja überhaupt nicht. Toll.« Am Nachbartisch sitzt ein dicker Mann mit rotem Kopf und buntem Hemd im Partnerlook mit seiner Frau, von der er sich widerwillig füttern lässt. Im Hintergrund läuft Jazzmusik. Alfred hat als Vorspeise ein Steak Tartar bestellt und als Hauptgericht den Fisch des Tages und sagt, dass er sich in London erstmals überhaupt der leichten Musik geöffnet habe. Swinging Sixties und so. Vorher habe er ausschließlich Klassik gehört, vor allem Oper. »Ende der Sechziger hatte ich ja dann bereits Ella Fitzgerald, Josephine Baker und Juliette Greco in der ZDF-Sendung Nightclub. Da habe ich mich für andere Musik schon interessiert.

Aber wenn du aus sehr bürgerlichem Hause kamst, dann war das so. Unterhaltungsmusik fand nicht statt, ich hatte von Zuhause also nichts anderes erfahren.«

»Chilly but sunny«, kündigt der britische Wetterbericht den heutigen Freitag an. Ungewöhnlich warm ist es für diese Jahreszeit in London. Das sonnige Wetter will Bio dann auch gleich nutzen, um schnell noch vor Abflug zur Portobello Road zu fahren. Mit dem Bus geht's in Richtung Shepherd´s Bush nach Notting Hill hinein. Biolek hat ganz oben Platz genommen, einen guten Ausblick hat man von hier auf den Hyde Park. Doch statt sich die Stadt anzugucken, bearbeitet er lieber seinen Stadtführer, dem mittlerweile schon einige Seiten fehlen und der nach nur vier Tagen in London so gründlich durchgeknetet ist, als habe man ihn durch eine Presswalze gedrückt. Alfred studiert die Portobello Road und den täglichen Straßenmarkt. Montag bis Samstag wird hier der Markt tagtäglich auf- und wieder abgebaut, und Alfred liest auch all die anderen Informationen über das Stadtviertel, das ursprünglich ein alternatives Künstlerviertel war und heute zu den teuersten Londons zählt. Nicht zuletzt wohl wegen des nach dem Stadtviertel benannten Hollywoodstreifens mit Hugh Grant und Julia Roberts.

Als wir ankommen, packen die letzten Verkäufer bereits ihre letzten Sachen wieder in Kartons. Wir gehen einmal runter und wieder hoch und Alfred stellt fest, dass gerade hier auch der Kommerz voll zugeschlagen habe. Am oberen Ende findet er dann doch noch, was er sucht. »Ich würde mir gerne ein echtes Tweedjackett kaufen, gebraucht«, sagt er und steuert den Secondhandladen auf der anderen Straßenseite geradewegs an. Dolly Diamant heißt das Geschäft, und eine nette Bedienung hat Alfred gleich als kaufwilligen Kunden ausgemacht. Sie steckt ihn in die eine Jacke und wieder in eine andere. Einen Mantel muss er noch anprobieren. Doch bei der Hose, da hört´s doch für ihn auf. Am Ende wird's ein grüner Harris Tweed. 60 Euro zahlt er dann für das Jackett und freut sich über den gelungenen Kauf: »Toll, wie neu!« So etwas, sagt er noch, das gebe es in Deutschland wirklich nirgendwo zu kaufen. Auch dafür liebe er London.

# Athen

Es ist der vielleicht spektakulärste Landeanflug in Europa. An Thessaloniki vorbei, über die Sporaden hinweg, unter einem das Ägäische Meer. Einen Schlenker noch über den Peloponnes, dann ist man da. Wie oft wird Alfred Biolek Athen schon angeflogen sein, zwanzig, dreißig Mal vielleicht? Öfter noch? Bis vor Kurzem besaß Biolek ein Haus in Griechenland. Auf einer Insel, zwei Stunden mit dem Schnellboot nur vom Festland entfernt. Er hat oft Freunde dorthin eingeladen und Bekannte. Aber dann, im letzten Jahr, hat er es verkauft. Vom einen auf den anderen Tag. »Es musste sein«, sagt er jetzt.

Alfred besteigt ein Taxi vor dem Terminal. »Das hier«, sagt er dann, »das ist doch etwas anderes als Wien oder Tschechien!« Auf dem Weg in die Stadt hinein überkommt ihn Wehmut. Die kahlen Berge, Attika, die Halbinsel, das sonnendurchflutete Meer am Horizont.

Es ist nicht gerade schön, mit dem Auto nach Athen einzufahren. Viele Zweckbauten links und rechts, Wohnraum für über drei Millionen Menschen. Zügellos ist die Stadt in die Breite gewachsen. In den letzten achtzig Jahren ist Athen von einer mittelgroßen Stadt mit knapp fünfhunderttausend Einwohnern zu einer Megacity herangewachsen. Alfred Biolek hat vor fünfzig Jahren die Stadt zum ersten Mal besucht. Als Student damals, 1959. Mit dem Auto ist er gemeinsam mit zwei Freunden von Deutschland aus nach Griechenland gefahren. Abenteuer pur, sagt er heute und schwärmt. In den Siebzigern dann war er sogar zweimal alleine in der Stadt. Und das, obwohl er ohne Begleitung eigentlich nicht reist. »Ich hatte mich gerade emanzipiert, geoutet. Ich spürte ein neues Gefühl von Freiheit.« Und diese Freiheit, die suchte er damals in Athen.

Wir fahren am Parlamentsgebäude vorbei, rechts der Syntagma Platz. An der Straße Vasilissis Amalias mit Blick auf die herrlich großen Palmen des Nationalgartens liegt unser Hotel. Vor dem Eingang dösen drei Straßenhunde in der Sonne und begrüßen traurig die Besucher. »Wem gehören die?«, will Alfred wissen, der sich mit einem halsbrecherischen Satz über die Vierbeiner seinen Weg zum Empfang bahnt. Es ist warm in Athen, es ist Oktober. Das hätte er so nicht erwartet, gesteht Griechenlandfreund Biolek.

Nachdem er sein Gepäck aufs Zimmer gebracht hat und kurz darauf wieder unten am Empfang auftaucht, steht er dann da, in weißem Hemd und Jeans, und sieht irgendwie ganz anders aus. »Das ist Urlaub«, sagt Alfred glücklich und reckt sich die Glieder. Wir gehen die Mitropoleos hinunter, an Hausgerippen vorbei. Davon habe es früher noch viel mehr gegeben, versichert Alfred. Damals

sei Griechenland ein stinkarmes Land gewesen. Viel Armut überall. Eine andere Welt. Dann wurde es fast ein Wohlstandsland. Und
jetzt sei es kurz vor der Staatspleite. Der Bürgersteig ist eng hier
in der kleinen Gasse zur Plaka hin. Und weicht man auf die Straße aus, dann ziehen auch schon hupend drei, vier Autos an einem
vorbei.

Etwas weiter dann erreichen wir die Platia Mitropoleos, einen kleinen Platz auf dem Weg ins alte Athen. Ein Platz, an dem Alfred
gerne viele Stunden im Café verbrachte, im Schatten der gleichnamigen Kirche. »Keine Schönheit«, kommentiert er trocken das or-
thodoxe Bauwerk. Gleich daneben liegt die kleine Mitropolis, win-
zig und leicht versetzt, als habe sie sich beleidigt von der großen
Schwester abgewendet. Durch die offene Tür dringt ein flackerndes

Licht, Weihrauch liegt in der Luft. Drinnen dann hält der vollbärtige Priester für einen einzigen Besucher nur eine Messe ab. Touristen machen Fotos. Auch Alfred streckt interessiert sein Gesicht in die Zeremonie. Dann setzen wir uns ins Lokal gegenüber. Bei griechischem Salat mit schwarzen Oliven und großen Tomaten erzählt Alfred von seinen vielen Reisen hierher. Dass er meistens auf einer Insel gewesen sei. Und dass er in Athen dann oft auch noch einen Tag drangehängt habe. »Gerne habe ich in günstigen Hotels auf der Plaka gewohnt«, sagt Alfred. »Und später dann auch luxuriös im Kolonaki-Viertel.«

Wie wichtig ist dir Luxus?

»Weißt du, ich habe allen Luxus mitgemacht. Aber im Älterwerden braucht man das einfach nicht mehr so. Ich genieße natürlich mein Leben nach wie vor, aber anders.«

Und wie?

»Ach, weißt du, ich lade Freunde zum Essen ein. Oder ich kaufe mir mal ein schönes Buch. Ich hab ja alles gehabt!«

Gleich hinter uns beginnt die Plaka. Wir bezahlen und Alfred steuert ins Gewühl. Körbe findet man hier und Taschen, Gipsminiaturen der Akropolis, Gürtel und Schuhe. Vor zwanzig Jahren, sagt Bio, da sei noch alles völlig heruntergekommen gewesen. Doch davon ist heute nichts mehr zu sehen. Überall wird gebaut und renoviert. Die Tavernen laden auf ihre Dachterrassen mit bunten Fotos und einem tollen Blick auf das Parthenon. Aus einem Geschäft mit Gewürzen duftet es verführerisch nach fernen Ländern und aus alten Lautsprechern kommt griechische Musik. Alfred lässt keine Gasse aus, sei sie noch so klein und unbedeutend. Katzen streunen umher oder sitzen in geschützter Höhe und beobachten das Treiben. An den Fensterläden hat sich Patina gebildet von der jodhaltigen Meeresluft. An einem Parkplatz dann bleibt Alfred stehen: »Ah, da, der Turm der Winde!« Er blickt in den dunklen Sternenhimmel hinaus, dem Turm entgegen, dahinter die Ruinen der Agorá, zentraler Marktplatz des antiken Athen. Ein großes Schild weist auf Bauarbeiten hin: Attention! Danger Fall of Building Materials!« Mit vorgeschobenem Kinn liest Alfred den Text und geht dann schnell lieber weiter.

Abends, zurück in der Adrianou-Gasse an der Plaka, entdeckt Alfred neben Trachten und Hüten und allerhand Nippes einen Schwammverkäufer. Auf der Insel Kalymnos habe er vor vielen Jahren noch echte Schwammtaucher kennengelernt. »Zweidrittel aller Taucher waren verkrüppelt. Ein Wahnsinnsjob«, sagt er mit großen Augen den brummigen Verkäufer anblickend. Aber heute gebe es diesen Beruf kaum noch. Zu riskant, sagt er, und zu wenig Geld. Dann streift er weiter, blickt hier hinein, schaut sich dort noch um. Eigentlich, so sagt er, suche er einen bestimmten Platz. Er kramt seinen Reiseführer hervor und blickt auf die Straßenkarte. Restaurants gäbe es dort und so langsam könne man ja auch schon, sagt Alfred vielsagend, und meint das Essen und den Wein und seine Schritte werden immer schneller.

Eine blonde Frau mit Dauerwelle und bunter Kleidung entdeckt Biolek dann schon fast am Ende der Adrianou. Sie kommt näher. Sie kommt noch näher. Er schaut absichtlich weg. Ignorieren, das kann er, da hat er ein dickes Fell. »Is er das?«, ruft die blonde Frau in seine Richtung. Alfred ist sichtlich irritiert. Noch einmal und nun auch noch in gewaltiger Lautstärke: »Is er das? Du, Werner, is er das?« Der Abstand zwischen der Dauerwelle und Alfred ist nur noch marginal. Auch ihr Mann ist nun dabei. »Ja«, schreit sie dann. »Ja, das is er!« Und schon steht Alfred im Blitzlichtgewitter zweier Digitalkameras. Bio derweil hat Fahrt aufgenommen und rennt davon. »Wahnsinn!«, sagt er und: »Irre!« Biolek, Biolek, ruft der Mann und rennt ihm nach. Hartnäckig erst folgen ihm die Touristen – doch dann geht ihnen die Puste aus und der Angriff ist überstanden. »Was war das denn?«, fragt Bio atemlos. »Unglaublich!« So habe er das noch nie erlebt. »Normalerweise begegnen mir die Menschen mit großem Respekt.« Alfred sucht vergeblich nach einem Straßennamen. »Nun bin ich völlig verwirrt«, sagt er und geht eine Gasse hinunter. Dann aber, ganz am Ende, da entdeckt er Lichter und Menschen und auch Musik. »Endlich!«, seufzt er, »das muss es sein.«

Wir setzen uns in eine Bar. »Kalimera«, sagt Alfred und bestellt einen Ouzo und ein Wasser dazu. In Deutschland trinke er nie Ouzo. Auch griechisches Essen koche er kaum, bei Alfredissimo schon gar nicht. »Ich wollte in der Öffentlichkeit nie über Griechenland reden. Das wollte ich immer für mich behalten.« Griechenland, das sei für ihn immer Privatsache gewesen. Und damit sei er auch sehr rigoros umgegangen. »Das war extrem wichtig für mich«, ergänzt er noch. Dann nippt er am Ouzo. Ein Straßenverkäufer nähert sich unserem Tisch. Ferngesteuerte Hubschrauber

bietet er an. Demonstrativ lässt er diese über den Gästen kreisen. Bunt sind die Hubschrauber. »Und sie leuchten«, bemerkt Alfred staunend. »Was es nicht alles gibt.« Der Verkäufer bemerkt Alfreds Interesse und stellt sich an unseren Tisch. Aus Bangladesh sei er. Und er verdiene hier in Griechenland Geld für seine Familie. Man weiß nicht so recht, ob nun der Verkäufer Alfred in ein Gespräch verwickelt hat – oder Alfred ihn. »How much is it?«, will Alfred dann von dem Mann aus Bangladesh wissen. Der holt daraufhin zwei Hubschrauber in verschiedenen Größen aus seinem Beutel. Welches Modell Alfred denn haben wolle, fragt er. »No, no«, sagt Alfred und winkt mit beiden Händen ab. Und er versucht es erneut

mit größerer Gestik: »How much?« Der Hubschraubermann erklärt, dass der Preis je nach Größe gehe. Er habe ein großes Modell
für 25 Euro, das kleinere koste aber nur 20 Euro. »The Big one«,
sagt Alfred begeistert. Man müsse auch mal etwas völlig Überflüs-
siges kaufen, sagt er noch und lacht laut los. »Stell dir vor, ich sitze
in einem Café in Berlin und lasse meinen Hubschrauber über den
Köpfen der Leute fliegen. Was die wohl sagen?!« Der Hubschraubermann will Alfred noch schnell die Technik erklären, aber das ist
ihm dann doch zu kompliziert und der Verkäufer zieht glücklich
weiter. Und Alfred trinkt glücklich den Rest seines Ouzo aus und
zahlt.

Eine Fischtheke vor dem Restaurant gleich gegenüber zieht Biolek
in seinen Bann. Hier sei er schon einmal gewesen, doch, doch, er
könne sich noch gut daran erinnern. Drinnen im Lokal: Helden-
malerei an den Wänden. Draußen: Reich gedeckte Tische unter
gelben Laternen. Über den Köpfen ein Dach aus Wein. Ein dicker
Mann mit einer Buzuki und ein anderer dicker Mann am elektrischen Klavier sind für die Musik engagiert. Eine Gruppe grie-
chischer Gäste tanzt sich bereits schwindelig im Kreis, das Restaurant klatscht dazu im Rhythmus mit. Und auch Alfred lacht und
klatscht und ist vergnügt. Das sei Griechenland, sagt er begeistert.
Eine große Dorade mit frischem Gemüse wird serviert und Alfred
schaufelt kräftig los. Es werden griechische Hits gespielt und auch
viel Unbekanntes, wie er bemerkt. Dann lobt er noch die Mischung
der Musik und die Mischung der Gäste und sagt, dass zum Glück
doch nur sehr wenige Touristen hier säßen. Die meisten seien doch

Einheimische. Die alten Holzstühle wackeln gefährlich unter den schunkelnden Menschen auf dem alten Steinboden vor uns zurück. Am Ende kennt sich das ganze Lokal und die Kellner verabschieden uns mit einer großen Reverenz.

Am nächsten Morgen sind die Verkehrspolizisten besonders aktiv. Mit weißen Handschuhen und blauen Hemden und schicken Mützen auf dem Kopf stehen sie mitten auf der Straße und dirigieren das Athener Straßenchaos. »Die sind am Pfeifen den ganzen Tag«, mokiert Alfred sich. Am Parlament genau gegenüber wird gerade das 65. Jubiläum der Vertreibung der Deutschen gefeiert. Vor dem Gebäude haben sich Veteranen versammelt, Generäle a.D. mit allerhand Orden stehen in Gruppen beisammen und tauschen sich aus. Die Marine steht in Reih und Glied und fährt kräftig auf mit Pauken und Trompeten. Auch hier wird gepfiffen und getan, die Zaungäste sollen den Platz freimachen, wird verlangt. Selbst die Tauben werden verscheucht. Ein dreibeiniger Straßenhund hat sich derweil unter die Veteranen gemischt und sucht nach Anschluss. Ein Trubel ist das hier und Alfred fragt nach langem Hinschauen, ob es es jetzt noch was zu sehen gebe. Aber so recht tut sich nichts und wir beschließen, nach Piräus zu fahren.

Die Bahn nach Egaleo ist voll an diesem Tag. Viele interessante Gesichter sind das auf engstem Raum. Neben Alfred sitzt eine ältere Dame und kaut auf einem Bonbon. Alfred Biolek wälzt seinen Stadtführer. Und wie die beiden da so sitzen nebeneinander und jeder für sich sein Tun verfolgt, sehen sie unfreiwillig aus wie ein altes Ehepaar, das sich seit Jahren nichts zu sagen hat. In Monastiraki dann steigen wir um in die Linie 1 nach Piräus. An der Bahnstrecke kann man Maurer beobachten auf Gerüsten mit weißen Hüten und dicken nackten braunen Bäuchen. »Schau dir das an, überall wird gearbeitet«, sagt Alfred. Die Stadt liegt in gelbgrauem Smog. Die Fahrt dauert etwa eine halbe Stunde.

Der Bahnhof von Piräus ist ein Sackgassenbahnhof. Auf dem Platz davor hat sich ein tumultartiges Treiben ausgebreitet: Schuhputzer sind hier und Blumenverkäufer und viele Schwarzafrikaner, die den Passanten gefälschte Uhren und Taschen anbieten. Alfred ist vor vielen Jahren von hier aus mit Freunden zu einer Bootstour um die griechischen Inseln aufgebrochen. Mit einem türkischen Boot seinen sie gereist, sagt er, sehr einfach alles, aber mit unglaublichem

Charme. Anfang der Siebziger war das und der Konflikt zwischen den Türken und Griechen war damals sehr präsent. »Als unser Boot dann an einem kleinen Hafen festmachen wollte und die Griechen das nicht zulassen wollten, bekam ich einen Tobsuchtsanfall.« Die Griechen seien dadurch beeindruckt gewesen, und das Boot unter türkischer Flagge, das habe dann doch vor Anker gehen dürfen. »Dieser blöde Nationalismus, den habe ich nie verstanden.«

27 Grad zeigt das Thermometer. Es ist Mitte Oktober. Hier in Piräus weht ein kräftiger Wind vom Meer herüber. Mikrolimano ist unser Ziel an diesem Tag. Ein kleiner Fischerhafen sei das, so hatte es Alfred angekündigt, fast so schön wie auf den Inseln. Ein Taxi

bringt uns dorthin. Bergig ist es hier, es geht rauf und runter. Viel hat sich getan, seitdem Alfred das letzte Mal in Mikrolimano war. Fünfundzwanzig Jahre ist das nun her und der kleine Fischerhafen ist zu einem großen Jachthafen geworden. »Die Promenade, die gab es damals so gar nicht«, sagt Alfred und zeigt auf die vielen Restaurants. »Das war alles frei.« Am Ende der Promenade hat ein Yachtclub sein Revier bezogen. Ein schickes Lokal ist das, wo ein Orangensaft sieben Euro kostet und das Essen für den Durchschnittsgriechen nicht erschwinglich ist. Immerhin: Der Ausblick ist herrlich und wir blinzeln in die Sonne. Vom vielen Wind stehen Alfred die Haare zu Berge. Ein einsamer Paddler zieht an der felsigen Küste entlang. Auf den Lippen schmeckt man das Meer. Gegenüber erstreckt sich Athen, dahinter das schwere Bergmassiv.

In einem der Restaurants an der Promenade dann essen wir zu Mittag. Von den Decken hängen Lampen aus Küchenutensilien gefertigt, die Tische sind in unterschiedlichen bunten Farben bemalt. Ein paar Möwen kreischen den Besucher vom Hafenbecken aus an. Von der Decke hängen Tamatas. »Davon hab ich auch welche in meiner Wohnung in Köln«, sagt Alfred. »Die erinnern mich immer an Griechenland.« Quadratische Blechplatten sind Votivgaben, die vor allem auf der Insel Tinos für die Wallfahrtskirche gefertigt werden. Verschiedene Motive sind zu sehen; ein Auge etwa oder ein Kind. Das Herz, so Alfred, das stehe für die Liebe, und der Kranz für die Ehe.

Bio hat Schwertfisch bestellt und Spinat, und der Wein, sagt er dann, das sei ein Schmeichler. »Ein Wein, der keine große Geschmacks-

qualität hat, aber angenehm zu trinken ist.« Das Restaurant liegt
schön, man sitzt direkt am funkelnden Wasser. Das Essen aber ist
nur mittelmäßig und wir verfüttern die Reste an die Fische, die beinahe aus dem Wasser springen und todesmutig um den kleinsten
Krümel kämpfen. Alfred erzählt von seiner ersten Reise nach Griechenland. 1959. Mit zwei Freunden in einem Renault Dauphine sei
er in den Süden gereist damals, über die Landstraße durch Jugo-
slawien. Bei einer Geschwindigkeit von nur etwa fünfzehn Stundenkilometern und mit tagtäglichen Reifenpannen. Abenteuerlich,
nennt er es heute. Athen sei damals noch sehr unberührt gewesen. Untouristisch und provinziell, wie er sagt. »Auf der gesamten

Plaka, da gab es vielleicht fünf Lokale, höchstens zehn.« Gerade das habe aber auch seinen Charme gehabt. Alfred zeigt aufs Meer. Dort drüben, da etwa, dort sei die Türkei, sagt er dann. 1960, da habe er am Max-Planck-Institut in Hamburg seine Doktorarbeit geschrieben und dabei eine türkische Professorin kennengelernt. Die Türkei habe er dann in einem Atlas nachschlagen müssen. »Ich war noch ziemlich naiv«, so Biolek schmunzelnd. Und diese Professorin habe ihn dann in die Türkei eingeladen. 1961 ist er mit einem Freund der Einladung gefolgt, in einem alten VW-Käfer von Waiblingen bis tief in die Türkei hinein. »In zwei Jahren also hatte ich Griechenland und die Türkei kennengelernt. Das war für mich der Beginn einer totalen Fixierung auf den Ägäischen Raum.«

Als wir Athen wieder erreichen, da hat sich die Dunkelheit bereits über die Stadt gelegt. Das Stadtviertel Psirrí steuern wir an, das zur Zeit als das angesagteste Ausgehviertel gilt und das früher von Handwerkern und Künstlern bewohnt war. Mehr und mehr Bars kommen jährlich hinzu und vertreiben die Alteingesessenen. »Schade«, sagt Alfred, »aber so ist der Lauf der Dinge.« Die Straßen wimmeln nur so von jungen Leuten. An jeder Ecke ein Lokal oder eine Garage, die gerade zu einem Lokal umgebaut wird. Von irgendwoher schallt elektronische Musik. Alfred steuert die »Taverna tou Psiri« an, die er von einem früheren Besuch her kennt. Ein einfaches Restaurant ist das, der Eingang ist gerade eine Baustelle und man lotst uns in den Hinterhof. Katzen laufen umher, halb verhungert sehen die Tiere aus. Die Bestellung findet in der Küche statt, wo der Besucher sich an einem Tresen seine Speisen selbst aussuchen kann. Ein paar freihängende Glühbirnen erhellen den Hof, der verwunschen unter einem Dach aus Weinblättern liegt.

Alfred kommt noch einmal auf die Ägäis zu sprechen und auf seine ersten Reisen Anfang der Sechziger. Dass er mit diesem Freund oft hier gewesen sei. Und dass man sich irgendwann überlegt hätte, warum nicht einfach gemeinsam ein Haus kaufen. »Die Frage war dann allerdings: wo?«, so Alfred. »Türkei oder Griechenland?« Die Türkei hätten sie sehr geliebt. »Aber wir wollten beide dann in Europa bleiben. Dort, wo unsere Wurzeln liegen.« Und über Bekannte habe man dann ein kleines Haus auf einer einsamen griechischen Insel gefunden.

Alfred dreht sich zur Seite weg und beobachtet die Menschen am Nachbartisch. Etwas lustlos kaut er an seinem Bifteki und verfüttert den Rest an die Katzen, die sich um seine Beine gelegt haben und schnurren. Als wir das Hotel erreichen, ist es kurz nach Mitternacht. Alfred ist müde und wühlt im Jackett nach seinem Zimmerschlüssel. So Einiges muss er in der Jackentasche bei sich haben, denn es knistert und raschelt, und als er den Schlüssel dann endlich aus der Tasche zieht, da fliegt ihm der halbe Inhalt mit raus. Neben einigen Zetteln liegen vor allem unzählige Zahnstocher auf den marmornen Hotelfliesen vor seinen Füßen. Klammheimlich hat Alfred der Taverne die Zahnhölzer entwendet und gebunkert. Aber nun, vor dem Fahrstuhl stehend, inmitten der Zahnstocher, da sagt er nur »Ach« und tut ein bisschen so, als hätte er damit eigentlich nichts zu tun.

Schwere dunkle Wolken hängen über Athen. Ein starker Wind bläst in die Stadt wie ein schwerer Hustenanfall von Aiolos. Wir wollen hinauf zu den heiligen Stätten, zum Parthenon und Erechtheion und den vielen anderen Wahrzeichen des alten Athen. Und Alfred möchte in das neue Akropolismuseum, das vor wenigen Monaten erst eröffnete. Kleine Topfpflanzen vor den Türen zieren den Weg durch die engen Gassen, an den Hängen Olivenbäume und Bougainvillien in prachtvollen Farben. Es riecht nach Mittelmeer, so wie vor zweitausend und dreitausend Jahren schon, als die Antike hier noch Gegenwart war und unsere heutige Gesellschaft hier ihren Anfang fand. Ein umgebauter Traktor fährt als Zug verkleidet ein paar Touristen mit lustigen Schirmmützen um die Akropolis herum. Wir gehen den Südabhang hinauf. Das neue

Akropolismuseum liegt da wie ein Raumschiff auf dem falschen
Planeten. Auf Säulen hat der Schweizer Architekt das Gebäude errichtet. Der Baugrund sollte unberührt bleiben, das antike Athen
für jedermann sichtbar sein. Über massive Glasplatten tastet sich
Alfred Schritt für Schritt auf den Eingang zu. Über ihm die mächtige Überdachung der Moderne. Unter ihm antike Stadtreste. Voll
ist es hier und viele Touristen machen Fotos. Alfred macht schon

lange keine Fotos mehr. Früher habe er gerne fotografiert und viel, sagt er. Vor allem Dias seien seine große Leidenschaft gewesen. Sogar einen Fotokurs in der Volkshochschule habe er mal belegt. »Aber das ist lange her. Ich schaue mir die Sachen heute lieber direkt an.«

Vom Untergeschoss aus kann man bis hinauf in den dritten Stock schauen. Eine riesige Halle ist das, dem Inneren des Parthenon nachempfunden. Dort oben sieht man die Menschen auf wuchtigen Glasplatten spazieren. Noch vor dem ersten Ausstellungsraum empfangen den Besucher die Giebelfiguren des Hekatompedons, einem Vorläufer des Parthenon. Löwen sind zu sehen, ein riesiger Wurm und Herakles mit einem erlegten Stier. Alfred rauscht daran vorbei und geht weiter in die monströse Ausstellungshalle mit ihren vielen weißen Marmorfiguren der Antike. Ein bisschen sieht es aus wie im Kanzleramt von innen. Hohe Betonpfähle tragen die schwere Konstruktion. Beinahe überwältigt es einen, soviel ist hier zu entdecken: Sphinxen und kopflose Gestalten, ein Torso, abgeschlagene Beine auf einem halben Pferd, Pferde ohne Beine, muskulöse Männerkörper ohne Arme oder mit nur einem halben Kopf. Etwas weiter erklärt ein Chinese mit Brille zwei anderen Chinesen ohne Brille, warum die sechste Kore nicht an ihrem Platz steht. Die beiden

nicken und sagen »hai, hai«. Alfred schaut zu den Chinesen herüber. Das sei doch eine andere Welt, sagt er und geht dann weiter.
Miniaturen der Nike sind zu sehen. »Nike adjusting her sandal« steht auf einem Schild, daneben »Nike mounting a stairway«. Abgeschlagene Nasen, halbe Ohren, hängende Arme ohne Besitzer. Auf der Dachterrasse sagt Alfred dann: »Wir mussten uns die Antike noch richtig erarbeiten früher. Stück für Stück. Dieses Allesaufeinmal erschlägt mich hier doch sehr.« Es sei einfach ein bisschen viel. Seine Brille reflektiert die wenigen Sonnenstrahlen, die durch die Wolkendecke schießen. Er schaut zur Akropolis hinauf. Die Antike, sagt er dann, die habe ihn aber doch immer sehr fasziniert, ihn in ihren Bann gezogen, wie er sagt. Er habe praktisch alle wichtigen Stätten der Antike besucht, Delphi etwa, Olympia. »Und Numero Uno war natürlich immer Delos für mich.« Aber auch die antiken Stätten der Türkei hat er gerne bereist, Ephesos und Troja und all die anderen an der Südwestküste gelegenen Orte. Er habe sich vor allem für die Menschen der Antike begeistert. »Für die Politiker und für die Philosophen und für die Autoren. Nicht sosehr die Götter und die Mythologie. Zu abstrakt.«

Als wir das Museum verlassen haben und Alfred die vielen Eindrücke auf sich wirken lässt, da muss er doch einräumen, dass ihm das Museum eigentlich sehr gefallen hat. »Dass ein so kleines und ein so armes Land so etwas auf die Beine stellt, das ist schon toll!« Am Straßenrand stehen schwer bewaffnete Polizisten, die grimmig gucken. Warum, das wird nicht ganz klar. Etwas weiter dann macht ein schrottiger Bagger zwischen Baucontainern ordentlich Lärm. Es stinkt gewaltig und Staub wirbelt in der Luft. »Das ist Athen von hinten«, sagt Alfred und lacht.

Die breite Fußgängerzone Dionissiou Areopagitou bohrt sich immer weiter zur Akropolis hinauf. Rechts von uns taucht ein antikes Theater auf. »Das Odeon des Herodes Atticus«, sagt er und blickt auf die steinerne Bühne. Hier habe er einmal eine Aufführung mit Pina Bausch gesehen. Und vor Jahren habe er im Herodes Atticus auch ein Konzert von Nana Mouskouri besucht. Nach Konzertende sei er hinter die Bühne gegangen, um seine langjährige Bekannte zu begrüßen. Doch statt der echten habe er ein Double erwischt. »Die sah genau so aus«, erzählt er dann kichernd. Aus dem zweiten Jahr-

hundert nach Christus stammt dieses antike Musiktheater und wurde im Gedenken an Regilla erbaut, die verstorbene Frau des Herodes Atticus aus Marathon, einem der großen Mäzene der Antike. Noch heute wird das Theater für Veranstaltungen im Sommer genutzt.

Im Zickzack geht es bis zu den großen Marmorstufen der Propyläen, dem überwältigenden Tor der Akropolis. Am Wegesrand kriechen kleine Schnecken dem Besucher entgegen. In dieser geschichtsträchtigen Umgebung erkennt man selbst in diesen omnipräsenten Weichtieren Relikte antiker Zeiten. Weiß und staubig und irgendwie archaisch, wie sie so dahin rutschen. Die Wolken haben sich verzogen. Seitlich fällt die Sonne nun auf das jahrtausendealte Marmor. »Don´t touch the Marble« ist zu lesen. »Fantastisch«, ruft Alfred in den Wind hinein. »Dieser Ausblick!« Athen liegt einem hier zu Füßen. Sosehr sich Athen auch gewandelt hat, sowenig dieses moderne Athen zu unseren Füßen mit dem antiken

Athen von damals wirklich noch zu tun hat – hier oben ist plötzlich alles eins, hier an diesem immer magischen Ort. Unten noch, in der Stadt auf dem Weg hinauf, da hatte Alfred Biolek tatsächlich für einen kurzen Moment doch überlegt, diesmal die Akropolis auszulassen. Er habe sie ja nun schon so oft gesehen. Und eigentlich sei es doch auch immer dasselbe. Doch nun, an die Wand gelehnt und den Blick auf´s Meer schweifend, ist Alfred Feuer und Flamme für dieses Schauspiel und in allergrößter Erklärlaune: Hier das Olympia-Stadion, dort das Dionysos-Theater und das Erechtheion, das Haus der Athene. Die Kräne am Parthenon und die Absperrungen, sagt er, die habe es noch vor einigen Jahren nicht gegeben: »Wir konnten noch darin herumlaufen.«

Auf die Akropolis verteilt stehen Arbeitscontainer für die Archäologen. Feiner weißer Marmorstaub hat sich gleichmäßig auf den massiven Felsen gelegt. Seit der Befreiung Griechenlands von den Türken im Jahr 1834 arbeiten Generationen von Architekten und Archäologen daran, dieses Kulturdenkmal für die Nachwelt zu erhalten. Eine Million Besucher besteigen das weltberühmte und 156 Meter hohen Kalksteinplateau jährlich. »Man spürt hier regelrecht die europäische Geschichte durch den Körper fließen«, so Bio. Er schreitet den Felsen ab. An einigen Stellen wird es ihm zu rutschig. Die Steine sind von den vielen Besuchern wie zu Glatteis poliert. Das Blau des Himmels ist nun besonders intensiv, doch der Wind stürmt noch immer kräftig über uns hinweg. Die wenigen Bäume biegen sich schwer zur Seite. »Wahnsinn«, meint Alfred, »fast nur Deutsche hier oben.«

Wundert dich das?

»Naja«, sagt er, »nicht besonders. Die Deutschen waren immer schon große Griechenlandfreunde.«

Hast du eine Erklärung für diese besondere Begeisterung?

»Vielleicht, weil die eigene Geschichte nicht so heldenhaft verlaufen ist. Und schließlich besitzen die Deutschen eine solche alte Geschichte schlichtweg nicht.«

Bei allem Europäischen: In diesem Punkt bist du dann doch ziemlich deutsch?!

»Das stimmt. Da bin ich deutsch.«

Die Sonne senkt sich ins Meer und Alfred tritt den Nachhauseweg an. Am Kiosk kauft er sich noch ein Softeis. Ein deutsches Touristenpärchen nickt ihm freundlich zu. Und dann kommen auch schon die Wärter, um die letzten Besucher herauszubitten. Um Punkt 19 Uhr schließt die Akropolis ihre Tore.

Am Abend dann im Hotel sitzt Alfred am Telefon. Er spricht mit Berlin und mit seinem Büro in Köln. Und er telefoniert mit Nana Mouskouri, die heute ihren 75. Geburtstag feiert. Dann möchte Bio noch einmal das Restaurant auf der Plaka besuchen. Dort, wo er sich so wohl gefühlt hatte am ersten Tag. Dort, wo griechische Musik gespielt wurde und die Gäste tanzten und wo der Fisch so gut war, wie er sagt. Als wir ankommen, erkennt man den Gast aus Deutschland sofort. Alfred strahlt über das ganze Gesicht. Er trägt ein weißes Hemd und eine helle Hose. Noch einmal spielt die Zweimanncombo mit den dicken Bäuchen ihre Musik und die Gäste tanzen dazu den berühmten Sirtaki. Noch einmal gibt es eine Dorade für drei. Der Kellner zerlegt den Fisch und Alfred bestellt Lathilemono, Zitrone und Öl, und sagt, dass beim letzten Mal der Tänzer doch etwas hübscher gewesen sei. An der griechischen Antike, sagt Alfred dann, daran habe ihn gerade auch die gleichgeschlechtliche Liebe zwischen Männern interessiert. »Die großen Philosophen hatten ja fast alle ihre Jünglinge. Die Liebe zwischen älteren und jungen Männern wurde im alten Athen mehr als geduldet.« Eine Bindung, die weit über das normale Maß einer freundschaftlichen Beziehung hinausreichte und in unzähligen Quellen, durch Gedichte, durch Komödien und durch die Vasenmalerei, belegt ist. »Das alles«, sagt Alfred, »das hat mich doch sehr beeindruckt. Jede Zeit setzt ihre ganz eigenen Maßstäbe.«

Er schaut sich um, schaut die Menschen an im Raum. Ein großer Familientisch feiert mit Tanten und Großeltern und Enkeln Geburtstag. Er empfinde, sagt er dann etwas in Gedanken versunken, er empfinde doch für dieses Land ein Gefühl von Heimat. Das lasse sich nicht genau definieren. »Aber ganz klar: Heimat!« Alfred hat nun seine rechte Hand an den Hals gelegt. Dann gesteht er, dass er die Geschichte des antiken Griechenland für diese Reise noch einmal nachgelesen habe. Und dass es doch erstaunlich sei, dass in nur hundert Jahren alles entstanden sei, alle entscheidenden Bau- und Kunstwerke, die philosophischen Ideen, das politische System, die Demokratie. Damals, zwischen dem fünften und dem vierten Jahrhundert vor Christus. Die Basis also der abendländischen Zivilisation. »Das ist doch interessant«, sagt er dann voller Begeisterung dafür und schüttelt noch halb ungläubig darüber seinen Kopf.
Wir sind fast die Letzten an diesem Abend. Der Hausherr reicht noch einen

Ouzo nach. Es gibt Melone aufs Haus. Das gehört dazu. Der Platz ist um diese Zeit noch gut besucht. Gerne würde Alfred jetzt auch noch bleiben, noch einen Ouzo trinken, oder zwei, oder drei. Aber der Flug geht morgen früh, viel zu früh. »Das war sicherlich das letzte Mal«, sagt Alfred entschlossen und bewegt, »dass ich Griechenland in diesem Leben besucht habe.« Chérete also, auf Wiedersehen. Dann verschwindet Bio in die Nacht.

Alfred Biolek wurde im Jahr 2000 der erste UN-Botschafter für Weltbevölkerung und gründete eine eigene Stiftung, die Alfred Biolek Stiftung – Hilfe für Afrika (ABS). Die Deutsche Stiftung Weltbevölkerung (DSW) gab der ABS als starke Partnerin ein Zuhause. Nun gehen sie zu zweit: hier der bekannte TV-Star, der allein mit seinem Namen und seinem Netzwerk viele Spenden generiert, und dort die erfahrene Entwicklungshilfeorganisation mit ihren Jugend-Projekten in Ostafrika.

Es ist Alfred Biolek nicht genug, nur über diese Arbeit zu reden: Einmal im Jahr besucht er »seine« Projekte, sieht die Fortschritte und erkennt, wo er auch als Mensch gebraucht wird. Und die Herzen der Kinder und Jugendlichen fliegen ihm zu.

Sein ganz besonderes Anliegen ist die Prävention:

»Noch immer ist der Bedarf an Aufklärung in Afrika riesig. Ungewollte Schwangerschaften und die rasante Verbreitung von Aids könnten deutlich gemindert werden, wenn die jungen Menschen in Afrika besser aufgeklärt wären und ihr Recht auf Verhütung wahrnehmen könnten. Dazu will ich mit meiner Stiftung beitragen!« (Alfred Biolek)

Alfred Biolek Stiftung
Spendenkonto 123 123
Bank für Sozialwirtschaft, BLZ 251 205 10
Kontakt: Deutsche Stiftung Weltbevölkerung
Frau Elisabeth Vosshans-Bosbach
Göttinger Chaussee 115
30459 Hannover
Tel: 0511-94373-17 / Fax: 0511-9437373
info@alfred-biolek-stiftung.de / www.alfred-biolek-stiftung.de

Bibliografische Information der Deutschen Nationalbibliothek
Die Deutsche Nationalbibliothek verzeichnet diese Publikation
in der Deutschen Nationalbibliografie; detaillierte bibliografische
Daten sind im Internet über http://dnb.d-nb.de abrufbar.

Verlagsgruppe Random House
FSC-DEU-0100
Das für dieses Buch verwendete
FSC-zertifizierte Papier G-Print
liefert Grycksbo Paper AB, Schweden.

1. Auflage
Copyright © 2010 by Gütersloher Verlagshaus, Gütersloh, in der
Verlagsgruppe Random House GmbH, München

Druck und Einband: Mohn Media Mohndruck GmbH, Gütersloh
Buchcover-Gestaltung: SFM soul-food media, www.sfm.ag
Printed in Germany
ISBN 978-3-579-06868-8
www.gtvh.de